本书出版得到河南省特色骨干学科建设学科（群）"项目的资助

经济管理学术文库·管理类

河南省打造"四路"建设模式研究

Research on the construction mode of building
"Four Silk Roads" in Henan Province

陈浩东／著

经济管理出版社
ECONOMY & MANAGEMENT PUBLISHING HOUSE

图书在版编目（CIP）数据

河南省打造"四路"建设模式研究/陈浩东著. —北京：经济管理出版社，2020.8
ISBN 978 - 7 - 5096 - 7388 - 1

Ⅰ.①河…　Ⅱ.①陈…　Ⅲ.①区域经济发展—经济模式—研究—河南　Ⅳ.①F127.61

中国版本图书馆 CIP 数据核字（2020）第 157689 号

组稿编辑：王　洋
责任编辑：王　洋
责任印制：黄章平
责任校对：陈晓霞

出版发行：经济管理出版社
　　　　　（北京市海淀区北蜂窝 8 号中雅大厦 A 座 11 层　100038）
网　　址：www. E - mp. com. cn
电　　话：（010）51915602
印　　刷：北京玺诚印务有限公司
经　　销：新华书店
开　　本：720mm × 1000mm/16
印　　张：10.5
字　　数：171 千字
版　　次：2020 年 11 月第 1 版　　2020 年 11 月第 1 次印刷
书　　号：ISBN 978 - 7 - 5096 - 7388 - 1
定　　价：88.00 元

前　言

随着经济与贸易全球化的快速发展，世界政治与经济格局将会发生重大改变，中国面临重要发展机遇期，但贸易保护主义、贸易壁垒等不确定性因素与风险也会长期存在。面对百年未有之大变局，中共中央、国务院深刻把握全球发展大势，统筹国内国际两个大局，做出实施全方位对外开放重大战略决策，打造对外开放新高地，开创对外开放新格局，构建人类命运共同体。"一带一路"倡议正是在此重大历史背景下，由习近平总书记于 2013 年 9 月和 10 月分别提出建设"新丝绸之路经济带"和"21 世纪海上丝绸之路"的合作倡议。2014 年 5 月，习近平总书记在河南考察工作时作出了"买全球、卖全球""建成连通境内外、辐射东中西的物流通道枢纽"等重要指示。面对国家新的发展机遇，河南省积极响应"一带一路"倡议，主动融入"一带一路"建设，并根据河南发展实际需求不断深化与推进。这是河南省建设"四条丝绸之路"的时代背景。

为了贯彻落实习近平总书记重要指示精神，实现河南对外贸易转型升级，促进河南经济高质量发展，河南提出构建新对外开放发展平台设想，实现河南空中、陆上、网上和海上"四条丝绸之路"融合发展，将郑州航空港经济实验区、河南自贸区、国家自主创新示范区、跨境电商综合试验区、河南大数据试验区五个国家区域性战略平台叠加合一发展。2018 年 1 月，时任河南省人民政府省长陈润儿在河南省十三届人大一次会议上作《政府工作报告》中，首次明确提出建设空中、陆上、网上"三条丝绸之路"。2018 年 9 月 4 日，时任河南省人民政府省长陈润儿同志主持召开省政府常务会议，提出空中、陆上、网上、海上丝绸之路"四路"并进，进一步强化和彰显河南在"一带一路"和国家区域发展战略重构中的战略枢纽地位和价值。2019 年 3 月 8 日，习近平总书记参加十三届全国人大二次会议河南代表团的审议。全国人大代表、郑州市市长王新伟向总书记汇报了"四条丝路"的建设情况，总书记回应，"中部内陆地区开放前景很广阔!"

　　基于河南省打造对外开放新高地的实际需求，本书主要研究了"四条丝绸之路"的建设机理、"四路建设"与金融协同分析、跨境电商物流渠道的选择以及促进"四路"并举协同发展的策略建议。首先，本书给出了河南省提出打造"四条丝绸之路"的基本概述，分析了"四条丝路"提出的历史背景以及"四路建设"的发展历程，并对空中、陆上、网上、海上丝绸之路的概念和内涵进行了概述，讨论了"四条丝路"与"一带一路"的逻辑关系。其次，本书对河南省"四条丝路"的建设机理进行了分析和研究，讨论了"四条丝路"的内在关系与发展逻辑，跨境贸易是"四条丝路"的发展保障，而跨境电商促进了"四条丝路"的发展。为了促进"四路建设"，分析了跨境电商与跨境物流协同影响因素，并对跨境电商与跨境物流协同发展问题进行了研究，提出了促进二者协同发展的策略建议。再次，为了金融豫军，本书进行了河南省"四路建设"与金融需求协同分析研究，在分析河南省金融业发展现状的基础上，对四条丝绸之路与河南省金融业协同发展进行了评价与关联度分析。同时，本书给出了河南省"四路建设"重要战略机遇，以及面临的挑战，并基于已有的跨境电商物流渠道，分析了河南省"四路建设"不同环境下的渠道选择及对策。最后，本书对河南省"四条丝路"的发展现状进行了阐述，分析了河南省四条丝路建设中存在的问题，提出了金融支持河南省打造"四条丝路"的机理与实现路径，给出了河南省打造陆上、空中、网上、海上丝绸之路的重点支持推进方向以及河南省建设"四条丝绸之路"的政策建议。

　　由于笔者水平所限，成稿时间比较仓促，加之相关资料、资源等因素的限制，书中难免会存在一些不足和疏漏之处，恳请各位专家、同行和读者的批评指正。

目　录

第一章　河南省提出打造"四条丝绸之路"的基本概述

一、"四条丝绸之路"提出的历史背景

（一）丝绸之路的前世

丝绸之路的概念，由近代德国地质与地理学家费迪南·冯·李希霍芬（Ferdinand von Richthofen）于19世纪首次提出。他于1868～1872年在中国进行了7次远途地理与地质考察，之后将考察的结果集结在《中国》一书中并于1877年出版。在该书中，李希霍芬首次使用了丝绸之路（The Silk Road）这个概念，用以描述从西汉开始中国和中亚南部、西部以及印度之间的以丝绸贸易为主的交通贸易路线。其后，德国历史学家赫尔曼在1910年出版的《中国和叙利亚之间的古代丝绸之路》一书中，根据新发现的文物考古资料，进一步把丝绸之路延伸到地中海西岸和小亚细亚，并确定了丝绸之路的基本内涵，即以今天中国的西安为起点，经甘肃、新疆，由中亚通往南亚、西亚以及欧洲、北非的陆上贸易交往的物流通道。古代亚欧陆上丝绸之路的贯通极大便利了中国以丝绸、茶叶和瓷器为主的多种商品与西域马匹、香料、毛皮等商品的交换与流通，推动了丝绸之路沿线国家和地区的经济、文化发展，在古代中西经贸往来和华夏民族文化融合与发展中具有极其重要的作用与地位。

纵观人类社会文明的发展史，可以发现，在轴心时代，德国哲学家卡尔·

西奥多·雅斯贝尔斯在出版的《历史的起源与目标》一书中提出，公元前800年至公元前200年，尤其是公元前600年至公元前300年，是人类文明的"轴心时代"。在轴心时代，古希腊、以色列、印度和中国几乎同时出现了伟大的思想家，他们都对人类关切的问题——终极关怀提出了独到的看法。古希腊有苏格拉底、柏拉图，中国有老子、孔子，印度有释迦牟尼，以色列有犹太教的先知们，人类由此形成了独立发展的不同的文化传统。亚欧大陆上各个轴心文明和地域文化是各自独立发展的，东方的黄河—长江文明、印度河—恒河文明与西方的地中海文明之间的交流非常有限。伴随西汉张骞出使西域和汉唐、宋元明时期陆上、海上丝绸之路的繁荣发展，亚欧大陆东西方轴心文明之间经济文化交流得以大规模开展，人类社会从此开始了亚欧大陆东西方文明互动发展、相互影响的新时代。历史学家认为，无论是在轴心文明形成与繁荣的古典时代，还是蛮族在亚欧大陆大规模入侵的后古典时代，连接东方中原文明与西方地中海文明的丝绸之路在亚欧大陆的整体化进程中都发挥着重大支撑作用。

（二）丝绸之路经济带背景下的河南"四路建设"

陆权时代，河南是中国乃至世界的政治、经济、文化中心，在丝绸之路和东西方文明的交流中发挥了举足轻重的枢纽作用。到了海权时代，内陆腹地的发展逐步与沿海拉开距离。今天，随着陆权回归，特别是"一带一路"建设，给河南带来了千载难逢的发展机遇。河南得天独厚、无可比拟的区位效能和自然禀赋条件被重新激活，成为国家新一轮改革开放的核心区域。河南作为华夏历史文明传承创新区，将重新登上世界舞台，再次焕发昔日荣光。

"一带一路"建设是党中央、国务院深刻把握全球发展大势，统筹国内国际两个大局，着眼开创我国全方位对外开放新格局做出的重大决策。2014年5月，习近平总书记在调研河南工作时，考察了郑州跨境贸易电子商务服务试点项目、郑州国际陆港等，作出了"买全球、卖全球""建成连通境内外、辐射东中西的物流通道枢纽"等重要指示。习近平总书记指出，这次考察我对河南加快构建"米"字形快速铁路网、建设大枢纽、发展大物流的战略构想有了更直接的了解，河南要建成联通境内外、辐射东中西的物流通道枢纽，为丝绸之路经济带建设多做贡献。这为河南省参与建设"一带一路"指明了方向，也是河南省建设"四条丝绸之路"的历史背景。

面对新的发展机遇，河南积极主动融入"一带一路"建设，并根据河南发展实际需求不断深化。时任河南省委书记王国生同志提出中原地区"物流枢纽国际化、营商环境国际化、经济体系国际化、城市风貌国际化、开放平台国际化"的发展目标，要求"提升开放通道优势，提升开放平台优势，优化营商环境，走好高质量发展必由之路"，并提出构建"郑州空中丝绸之路试验区"新开放发展平台设想，实现河南空中、陆上、网上和海上"四条"丝绸之路融合发展，航空港经济实验区、河南自贸区、国家自主创新示范区、跨境电商综合试验区、河南大数据试验区五个国家区域性战略平台叠加合一发展。2018年1月，时任河南省人民政府省长陈润儿在河南省十三届人大一次会议上作《政府工作报告》中，首次明确提出建设"三条丝绸之路"，指出深度融入"一带一路"建设，推进郑州—卢森堡"空中丝绸之路"建设，争取洲际客运航线开辟、签证便利业务常态化等事项实现突破；推进"陆上丝绸之路"建设，提升中欧班列（郑州）运营水平；推进"网上丝绸之路"建设，加快建设跨境电商综合试验区规划，建设电子商务世界贸易组织核心功能集聚区。2018年9月4日，陈润儿同志主持召开省政府常务会议，提出空中、陆上、网上、海上丝绸之路"四路"并进，进一步强化和彰显河南在"一带一路"和国家区域发展战略重构中的战略枢纽地位和价值；并在2019年初的《政府工作报告》中提出，全力拓展"四条丝路"，做大做强郑州—卢森堡航空"双枢纽"，提升中欧班列（郑州）运营水平，支持跨境电商发展，推动EWTO（电子世界贸易组织）核心功能集聚区建设，拓展海铁联运班列线路。

2019年3月8日，习近平总书记参加十三届全国人大二次会议河南代表团的审议。全国人大代表、郑州市市长王新伟向总书记汇报了"四条丝路"的建设情况，总书记回应："中部内陆地区开放前景很广阔！"河南打造"四条丝路"发展规划得到习近平总书记的肯定与支持。

二、编织"空中丝绸之路"

（一）空中丝绸之路概念的提出

2014年6月27日，一条航线开辟了郑州至卢森堡的"空中丝绸之路"。从2014年的1.4万吨增至2016年的10.7万吨，2017年突破14万吨，"郑卢"货运专线货运量每年增长幅度在40%以上，以郑州为中心的亚太集疏分拨基地的地位日益稳固。河南在探索郑州—卢森堡"双枢纽"合作模式的同时，不断拓展航线、加密航班，构建以郑州为亚太物流中心、以卢森堡为欧美物流中心、覆盖全球的航空网络。截至目前，郑州机场在全球前20位货运枢纽机场中开通15个航点，开通国际全货机航线26条，货运通航城市30个；开通国际客运航线29条，运营国际客运航空公司9家。郑州与卢森堡之间的定期洲际货运航线开通，搭起了河南与卢森堡以及欧盟合作的空中桥梁，为中欧互通打开新大门，让"一带一路"建设覆盖的维度和范围更加广泛，不仅连接大陆、沟通海洋，还在浩瀚的天空中构架起合作的桥梁，是对我国"一带一路"倡议内涵的丰富和拓展。

2017年6月14日，习近平总书记在人民大会堂会见卢森堡首相贝泰尔时提出，要深化双方在"一带一路"建设框架内金融和产能等合作，支持建设郑州—卢森堡"空中丝绸之路"。这是总书记首次在公开场合提出和使用"空中丝绸之路"的概念，这标志着郑州—卢森堡"双枢纽"合作模式由河南方案正式上升为国家倡议，充分体现了党中央的深远眼光和高超政治智慧，体现了国家对河南发展的高度重视和关心支持。

（二）河南省空中丝绸之路内涵

在世界航空经济快速发展的大背景下，河南省立足"不沿海不沿边，开放发展靠蓝天"的现实，对标国际货运吞吐量雄居世界第二的美国中南部内陆的孟菲斯国际航空之都,通过建立面向欧美的国际货运新枢纽、新航线和新通道,快速集聚航空偏好型产业,大力发展以郑州航空港为依托的航空经济,加强以跨境航空物流为主的基础设施建设,实现国际航空都市发展目标,打造"中国版的孟菲斯",走出内陆腹地发展开放型经济的新思路、新模式和新方法。

三、开拓"陆上丝绸之路"

(一)陆上丝绸之路概念的提出

2013 年 7 月 18 日,中欧班列(郑州)开启了中国郑州与德国汉堡的"陆上丝绸之路"。如今该班列已实现"去九回八",是中欧班列中已实现高频次往返满载、均衡对开的班列之一,累计开行总量已突破 1000 班次。目前,在境外形成了以哈萨克斯坦、阿拉木图、蒙古扎门乌德、德国汉堡为枢纽,覆盖欧盟、俄罗斯及中亚地区 24 个国家 121 个城市的集疏网络,成为国内唯一实现冷链业务常态化的班列,2018 年开行 752 班次,货值、货重分别增长 115.7%、117.0%。河南省作为内陆腹地,长期以来国际货运面临一个巨大的物流难题——没有"海运港",大宗货物出口欧美,需先运至沿海港口,再通过海运出境。为改写这种被动的物流格局,省委、省政府提出"向西走陆路"的构想。于是中欧班列(郑州)国际铁路货运班列正式开通。

2014 年 5 月 10 日,习近平总书记考察郑州国际陆港时,对拓展"陆上丝绸之路"给予充分肯定,并提出"希望把郑州国际陆港建成为连通境内外、辐射东中西的物流通道枢纽,为丝绸之路经济带建设多做贡献"。

(二)河南省陆上丝绸之路内涵

在"东引西进"的大背景下,河南省充分发挥交通枢纽核心竞争优势,通过打造内陆国际陆港,开通国际铁路运输班列,辐射中蒙俄、新亚欧大陆桥、中国—中亚—西亚、中国—中南半岛、中巴、孟中印缅六大经济走廊,利用国际国内两种资源、两个市场，快速吸引集聚一批国际贸易货物代理、国际贸易和生产制造企业，建立国际大宗商品原材料现货和期货交易市场，打造"陆上丝绸之路"经济带，带动沿线国家和地方开放型经济快速发展。

四、打造"网上丝绸之路"

（一）网上丝绸之路概念的提出

随着互联网新兴信息技术兴起，传统国际贸易模式呈现向跨境电商演变的发展趋势，跨境电商逐渐成为对外贸易新的增长极。2012年8月11日，国家发改委、财政部、商务部、海关总署等八部委联合批准郑州为全国首批跨境贸易电子商务服务试点城市。2013年5月31日，河南的跨境电商"E贸易"方案在全国首批五个试点中率先获批，并于当年7月15日开始"E贸易"实货流程测试。2014年5月10日，习近平总书记考察郑州市跨境贸易电子商务服务试点项目时，对郑州试点寄予厚望，勉励朝着"买全球、卖全球"的目标迈进。经过大胆尝试和创新，"1210"监管模式、"秒通关"通关模式、"海淘不用等、现场提货走"销售模式，河南保税集团"三个独创"的全国领先跨境电商发展模式，成为了郑州与全球连接的"网上丝绸之路"，让世界商品"一站到家"。围绕"买全球、卖全球"的发展目标，河南大力推进郑州跨境电子商务综合试验区建设。目前，河南保税物流中心已聚集1000家以上跨境电商企业，带动3万余人创业就业；2017年全省跨境电子商务交易额达到1025亿元，进出口包裹总量占全国13个综试区总量的1/3以上。

为落实习近平总书记重要指示精神，实现"买全球、卖全球"的发展目标，河南提出"网上丝绸之路"发展思路与目标，根据发展实际需求，不断创新跨境电商监管模式、商业运营模式、跨境物流模式，在信息平台建设、跨境业务政策、跨境风险防控、行业标准规范、社会经济效益等方面取得显著成绩，开创了引领世界跨境电商标准规则的"郑州1210模式"，成为河南这个不沿边、不靠海的内陆大省经济转型高质量发展的"新引擎"与"新动力"。

（二）河南省网上丝绸之路内涵

在传统国际贸易模式向新型国际贸易模式快速演变的背景下，以跨境电商为代表的新一代国际贸易标准规则呼之欲出，"网上丝绸之路"的本质是建立一种新型的国家贸易跨境物流通关服务模式和新通道，通过流程创新、监管创新、技术创新和标准创新，建立适合跨境电商发展的新模式、新业态和新通道，实现"全球买、全球卖、全球送、全球付"，快速培育集聚一批跨境电商交易、物流、支付等全产业链企业，并带动传统生产制造企业转型升级，实现河南新常态下开放型经济高质量发展。

"网上丝绸之路"建设的关键是信息互联和数据共享。因此，电子口岸和单一窗口是其建设发展的题中应有之义。电子口岸是集口岸通关执法管理和相关物流商务服务于一体的大通关、大物流、大外贸的统一信息平台，一端链接关、汇、税、商等政务部门，一端链接进出口企业，为加工贸易、服务贸易、跨境电商等企业，提供报关申报、网上支付、外汇核销、出口退税等"一站式"服务。"单一窗口"是现有电子口岸功能的补充和拓展，即通过"一个窗口"为企业提供"一站式"服务，企业通过"单一窗口"平台提交一次标准化的信息和单证，就可以满足进出口监管部门的相关业务需求，同时，进出口监管部门的各项管理状态透明化，企业对业务进程做到一目了然。

五、发展"海上丝绸之路"

（一）海上丝绸之路概念的提出

河南具有"承东启西、连南贯北"的区位交通枢纽优势，在向西与丝绸之路经济带深度融合的同时，向东与 21 世纪海上丝绸之路连接，开通了郑州至连云港、青岛、天津等港口的海铁联运班列。郑州铁路局联合海关、青岛港、连云港等在郑州集装箱中心站设立了"铁海联运服务中心",通过铁路货场与沿海港口的信息、业务、操作等无缝对接,将码头功能成功延伸到铁路场站,实现了沿海港口业务前移,打造出铁路"无水港"。

2018年9月4日,时任河南省长陈润儿主持召开的省政府常务会议上,提出空中、陆上、网上、海上丝绸之路"四路"并进,大力发展海铁、陆海联运,这是河南在其发展战略中正式提出参与建设海上丝绸之路,标志着河南省深入参与"一带一路"建设进入了新阶段。

(二)河南省海上丝绸之路内涵

在充分利用好海洋经济的先发优势的背景下,通过发展海铁、陆海、陆海铁联运,强化与我国的粤港澳、杭州和环渤海大湾区经济交流,并与21世纪海上丝绸之路做好衔接,与世界上已经成规模的东京、旧金山、纽约、泰国、印度、西非、英伦大湾区加强经贸往来,调动社会资源主动出击,充分融合与参与世界湾区经济圈建设,共享世界贸易发展红利。

六、"四条丝路"与"一带一路"的关系

从"四路"与"一带一路"的逻辑关系上看,两者之间既相互独立又相互联系,既有机交叉又相互支撑,是典型的战术与战略的辩证统一关系。"四条丝路"是河南省坚持扩大对外开放,提升经济发展优势具体途径,也是打造对外开放平台载体,提升开放水平的具体措施。同时,四条丝绸之路之间也是相互融通、相互交叉的统一体,形成了陆海空网四位一体的发展布局。"一带一路"倡议与建设是以习近平总书记为代表的党中央、国务院深刻把握全球发展大势,面对百年未有之大变局,统筹国内国际两个大局,着眼开创我国全方位对外开放新格局做出的重大战略决策。"一带一路"倡议是实施对外开放的具体举措,"四条丝路"建设是河南扩大对外开放、推进"一带一路"倡议的具体途径。以"一带一路"倡议为指引,加快推进"四条丝路"建设有利于凸显、强化和提升

河南区位优势，开展对外开放多领域、多层次交叉合作，有效推进国内外产学研结合，推动河南省经济社会高质量发展。

空中、陆上、网上、海上丝绸之路"四路并举"，不仅为河南构建立体化全方位对外开放新格局、探索与欧美发达经济体合作打开了新空间、拓宽了新路径，还将有力推动河南从内陆腹地走向开放前沿，在支撑"一带一路"建设和服务全国大局中发挥更大作用。如今，河南自贸区、郑州航空港、米字形高铁、跨境电商综合试验区等国家战略与优势，为河南经济转型升级提供动力和支撑，为河南构建现代产业体系，打造适应全球化竞争的综合性平台提供重大发展机遇。

"一带一路"倡议得到了沿线各国的积极支持和响应，也为河南扩大开放拓展了广阔的发展空间。中国与"一带一路"沿线部分国家 2012～2018 年的出口额和进口额分别如表 1-1 和表 1-2 所示。根据表 1-1 和表 1-2 数据变化趋势可知，过去 7 年我国与沿线国家的进出口总额都呈增长趋势，说明对外开放未来发展需求前景广阔，"一带一路"倡议得到积极响应，沿线国家积极参与，共同构建人类命运共同体。近年来，河南全力推进空中丝绸之路、陆上丝绸之路、网上丝绸之路、海上丝绸之路建设，"四路"建设并举、积极主动作为，发挥交通核心枢纽优势，全力融入"一带一路"建设。河南把郑州—卢森堡空中丝绸之路作为融入"一带一路"的中心任务来抓，加快构建双枢纽、多节点、多线路、广覆盖的发展网络格局，着力打造引领中部、服务全国、连通亚欧、辐射全球的空中经济走廊。加快建设陆上丝绸之路步伐，目前，每周"去九回八"常态化开行的中欧班列（郑州）已经成了中欧陆路重要的贸易通道。"买全球、卖全球"推进网上丝绸之路建设，目前，郑州跨境电商综合试验区吸引力、带动力、影响力持续增强，跨境电商"郑州模式"正为全球国际贸易提供有效借鉴。进一步拓展海铁联运班列线路，打造内陆"无水港"，实现港口业务前移，推进海上丝绸之路建设。下一步，河南将把深度融入"一带一路"建设，作为新时代对外开放的主攻方向，创新融入方式，提升合作水平，更好地惠及人民群众，更好地服务全国对外开放大局。

表1-1　2012～2018年中国与"一带一路"沿线部分国家出口额

单位：亿美元

年份 国家	2012	2013	2014	2015	2016	2017	2018
越南	342.1	485.9	637.4	661.4	499.3	447.3	838.8
新加坡	407.5	458.6	489.1	521.1	444.8	453.7	468.9
印度	476.7	484.4	542.2	582.5	583.9	720.5	766.8
韩国	876.8	911.8	1003.4	1013.8	869.0	978.6	1087.6
俄罗斯	440.6	495.9	536.8	348.0	380.9	480.4	479.7
泰国	312.0	327.4	343.0	383.1	422.4	447.3	428.8
德国	692.2	673.6	727.1	691.8	772.9	817.7	775.4
法国	269.0	267.2	287.1	267.7	293.1	317.1	306.7
巴基斯坦	106.8	110.2	132.5	164.5	136.8	182.4	169.3
印度尼西亚	342.9	369.3	390.6	343.5	308.0	357.7	412.8
马来西亚	365.2	459.3	463.6	440.6	343.5	383.3	453.8
菲律宾	167.3	198.4	234.7	266.9	155.7	168.3	213.9
英国	463.0	509.5	571.4	596.0	552.6	518.7	565.6

资料来源：中华人民共和国商务部官网和中商情报网。

表1-2　2012～2018年中国与"一带一路"沿线部分国家进口额

单位：亿美元

年份 国家	2012	2013	2014	2015	2016	2017	2018
越南	162.3	168.9	199.0	296.8	219.7	294.1	639.6
新加坡	285.2	300.5	308.3	275.6	259.4	540.7	321.4
印度	188.0	170.3	163.7	133.8	117.6	124.8	188.3
韩国	1686.5	1830.7	1901.5	1745.2	1244	1421.2	2046.5
俄罗斯	441.0	396.2	416.1	332.6	280.2	389.2	591.4
泰国	385.4	385.2	383.8	371.7	235.8	294.0	446.3
德国	919.1	942.0	1050.4	876.2	853.1	988	1063.3
法国	241.2	231.1	270.9	246.6	176.3	213.5	322.2
巴基斯坦	28.0	32.0	27.6	24.8	19.1	18.3	21.7
印度尼西亚	319.3	314.2	245.2	198.9	167.9	228.1	325.3
马来西亚	583.0	601.4	556.6	533.0	237.6	294.2	632.1
菲律宾	196.4	182.3	209.8	189.8	63.73	69.1	87.0
英国	168.1	190.9	237.3	189.4	185.4	215.4	238.8

资料来源：中华人民共和国商务部官网和中商情报网。

第二章 河南省"四条丝绸之路"的建设机理分析

一、"四条丝绸之路"的内在关系与发展逻辑

（一）河南省"四路建设"的内在关系和发展逻辑

空中、陆上和海上丝绸之路属于跨境物流通道范畴，具体货物承载对象是飞机、火车和轮船等交通运输工具，偏硬件、实体化，带来的是物流和商品流，可以看得到、摸得着；网上丝绸之路虽然也属于跨境物流通道范畴，但具体承载对象是信息系统服务平台，偏软件、虚拟化，带来的是信息流和数字流，看不到、摸不着。

四条丝绸之路都是服务于跨境贸易，但分工侧重有所不同。空中丝绸之路服务航空偏好型、高附加值产品，包括手机、生物医药和跨境电商运邮等货物的运输。陆上丝绸之路服务国际贸易大宗商品、工业制造品、汽车、快消品和跨境电商运邮等货物运输。海上丝绸之路通过与多式联运衔接，主要服务传统国际贸易、跨境电商备货等货物运输。网上丝绸之路的本质是建立一种新型国际贸易物流通关服务模式和新通道，主要服务跨境贸易电子商务报关和系统信息申报传输，配套也有物流和商品流，吸引和带动跨境电商新业态快速集聚。网上丝绸之路并不完全等同于跨境电商，网上丝绸之路的建立目的是为了让跨境电商健康快速发展，为跨境电商提供关务申报和相关配套服务。

因此,河南省提出打造空中、陆上、网上、海上丝绸之路,"四路"并行发展,为跨境贸易和相关配套产业落地带来了历史发展机遇。发展的基本逻辑顺序是大枢纽带动大物流,大物流带动大贸易,大贸易带动大产业,大产业带动大发展。根据现有发展规律,未来发展趋势是跨境电商将取代大部分的传统一般贸易,成为主流贸易方式。并且跨境电商涉及的产业链条较为复杂,涉及供应链上下游众多参与企业,环节也更为烦琐,包括原材料供应、生产制造、内贸交易、跨境交易、跨境交付、安全质量追溯以及逆向回收等。其中,商品交付环节需要空中、陆上、网上和海上四条丝绸之路保障跨境商品送达买家手中,需要买家确认商品质量,完成跨境支付后,最终完成跨境交易。因此,跨境电商可以为空中、陆上和海上三条丝绸之路的发展提供货源保障,而空中、陆上、网上和海上四条丝绸之路的完善则是发展跨境电商的必备条件。"四路"产业链跨境贸易流程如图 2-1 所示。

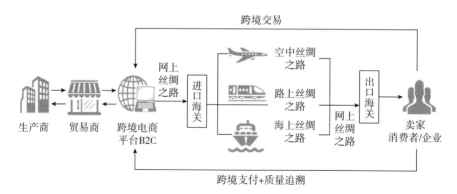

图 2-1 "四条丝绸之路"产业链跨境贸易流程

一般认为,"四条丝路"建设目的是保障跨境电商的发展,跨境电商的健康发展又能反作用于"四路"建设。而且,随着国际(跨境)物流运输的形式多样化,以铁海、公海和空铁联运为代表的多式联运将是重要运输表现形式。因此,"四条丝路"之间是相互融合、相互促进、相互支撑的协同关系。目前,河南是以空中、陆上和海上三条丝绸之路为发展重点,但未来网上丝绸之路将是发展核心,一方面跨境电商极大地简化了跨境贸易流程,降低了交易成本;另一方面它涉及新型国际贸易规则和标准的制定,有助于"中国标准"走向世界。因此,河南的网上丝绸之路建设,不仅仅是简单地推动商品和生产要素的流动与贸易，而应重点参与向推动跨境电商国际标准和规则等制度型建设领域转变，确保国家对跨境电商领域的参与权、控制权和话语权。

（二）跨境贸易是"四条丝绸之路"的发展保障

习近平总书记在党的十九大报告中指出，培育贸易新业态、新模式，推进贸易强国建设。在首届中国国际进口博览会开幕式演讲中再次提出，要激发进口潜力，加快跨境电子商务等新业态、新模式发展。上述一方面说明党中央、国务院高度重视跨境贸易，尤其是跨境电商的发展；另一方面也揭示了跨境电商的内涵是新型国际贸易，是国际贸易新业态。"四条丝路"本质上是国际跨境物流通道，这与德国历史学家赫尔曼认为丝绸之路基本内涵是"贸易交往通道"的界定是一致的。"贸易交往通道"是随国际贸易而产生发展的，也是为国际贸易服务的。因此，跨境贸易可为四条丝路的发展提供有效货运运量需求，它的发展水平决定四条丝路的发展速度和规模。

（三）跨境电商促进"四条丝绸之路"的发展

网上丝绸之路是在互联网时代伴随"碎片化、小额化、高频次"的跨境贸易而产生的物流监管服务新模式和新通道，是跨境电商领域的创新发展。跨境购物中，企业与消费者合约践行的基础就在于商品交付的跨境物流，而影响消费者消费体验的因素也在于跨境物流的效率及成本。因此，跨境电商不仅为跨境物流的发展提供市场机遇，更为其发展带来挑战。

1. 质量要求

跨境电商产品品类不断扩展，除传统的美妆个护类、母婴用品类外，高附加值、高精密度的笔记本电脑、数码相机、智能穿戴设备等产品增多，对跨境物流的服务质量提出了更高的要求。

2. 效率要求

跨境电商最注重的就是消费者购物体验，最好做到与国外市场"同步同质同价"，因此对跨境物流的时效性要求有时甚至超过了商品价格。跨境电商大多采用航空运输，对本地航空运输能力的要求较高。尽管郑州机场货运规模稳居全国前列，但其航线、航班数量尚不能满足郑州跨境电商的实际需求。

3. 安全要求

跨境物流涉及的环节多、风险大、情况复杂，更受到目的国自然、政治、经济等多方面因素的影响，其中任何一个环节出现问题都会影响整个跨境物流交付活动的进行。因此，只有对各方面因素进行综合考虑才能保证跨境物流安全、有效地运行。

4. 成本要求

跨境物流费用是跨境电商中的一项重要开支。这就要求跨境物流企业要设计最佳的跨境物流服务方案，控制物流费用，减少跨境电商中的物流开支，提高跨境电商企业在国际市场上的竞争力，也让消费者得到更多价格优惠。

随着国内电商以及跨境电商的繁荣，碎片化、多样化的国际贸易形态成为不可逆转的趋势。我国跨境物流运输行业要适应贸易形态的变化，在满足跨境电商发展需求的同时，实现自身的健康发展。

二、跨境电商与跨境物流协同影响因素分析

跨境电商作为一种新的对外贸易的新模式和新业态，已经成为国民经济发展的重要增长极。作为跨境电商主要实践载体的"网上丝绸之路"已经成为河南乃至全国对外交流的一张新名片，而跨境物流的主要实践载体更侧重于通过空中、陆上和海上丝绸之路的实施来体现。因此，探讨分析跨境电商与跨境物流协同影响因素就显得十分必要，对促进跨境电商与跨境物流协同发展、打造"四条丝路"建设具有十分重要的理论意义和实践价值。

（一）引言

随着"一带一路"倡议的深入推进以及经济全球化与贸易全球化的快速发展，我国跨境电子商务也随之发展。其发展历程经历了萌芽期（1999～2007年）、发展期（2008～2013年）和爆发期（2014年至今）三个发展阶段。特别是2014年以来，我国跨境电商进入爆发期。由于跨境电商能够突破时空局限性

和地域性,作为跨境电商主要载体的网上丝绸之路已经成为我国实施对外贸易的重要途径,可以有效促进对外贸易产业转型升级,成为拉动经济高质量发展新的增长极(魏洁、魏航,2017)。表2-1给出了我国2008～2018年进出口贸易总额和跨境电商总额以及各自增长趋势情况。图2-2给出了我国2008～2018年跨境电商的增长率以及占进出口总额百分比的发展变化趋势。从表2-1和图2-2可以看出,在我国对外贸易增速放缓的大环境下,跨境电商行业却保持高速增长。截至2018年底,跨境电商占进出口贸易额占比达到了29.84%,连续十余年呈现增长趋势。与此同时,跨境电商新兴产业的发展促进了跨境物流行业的快速增长,而高效、快捷的跨境物流服务系统又可为跨境电商的健康发展提供基础物质保障,两者呈现交叉而动态的复杂协同关系,相互影响、相互促进。基于此,探讨影响跨境电商与跨境物流协同发展的因素,根据相关理论分析跨境电商与跨境物流协同影响因素,以及评价两者协同发展水平,促进跨境电商与跨境物流协同发展,已成为当前理论研究和现实需求亟待解决的热点问题。因此,这里对跨境电商与跨境物流协同影响因素探讨和研究具有重要的理论和现实意义。

表2-1 2008～2018年我国进出口总额和跨境电商发展状况

单位:万亿元,%

年份	进出口总额	跨境电商总额	进出口贸易增长率	跨境电商交易增长率	跨境电商占进出口贸易额比例
2008	18.00	0.80	8.00	—	4.40
2009	15.06	0.90	-16.30	12.50	5.97
2010	20.17	1.10	34.70	22.20	5.45
2011	23.64	1.70	17.20	54.50	7.19
2012	24.41	2.10	3.30	23.50	8.60
2013	25.81	3.15	5.70	50.00	12.20
2014	26.42	4.20	2.40	33.30	15.89
2015	24.55	5.40	-6.90	31.10	21.99
2016	24.34	6.70	-0.008	24.00	27.52
2017	27.79	7.60	14.20	13.40	27.34
2018	30.51	9.10	9.79	19.70	29.83

资料来源:中国跨境电子商务研究中心网站。

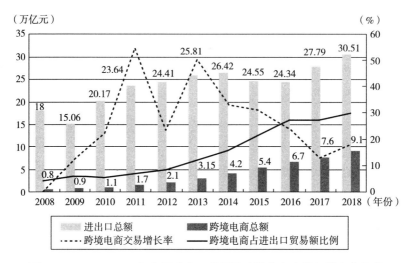

图 2-2　2008~2018 年我国进出口贸易及跨境电商交易规模变化趋势

国内外很多专家学者对跨境电商与跨境物流协同发展问题进行了相关研究。王玉玲（2017）从跨境电商生态系统内部协同缺失、跨境电商与跨境物流之间协同缺失等角度分析了跨境电商与跨境物流协同发展存在的问题，给出了跨境电商与跨境物流协同发展模式，以及如何进行改进。李晓沛（2018）基于跨境电商的特征以及发展模式，梳理了河南跨境电商和跨境物流领域的模式创新，给出了促进两者协同发展的宏观措施。张夏恒等（2016，2018）从电商生态系统角度出发，构建了跨境电商生态系统，并基于物种、环境、供应链、地理空间等视角分析了跨境电商与跨境物流协同发展的机理及发展路径。姚佳（2018）基于跨境电商与跨境物流的相互关系，从产业链视角下分析了跨境电商与跨境物流协同发展水平，为新常态下两者的协同发展提供建议。何江等（2017）对国内外相关文献进行了综述，从协同发展与协同关系、协同评价、协同机理等方面对国内外文献进行梳理，给出了跨境电商与跨境物流协同发展的未来研究方向。刘小军和张滨（2016）在"一带一路"倡议下对跨境电商物流的协同发展进行了研究，分析了两者协同发展存在的问题，构建了跨境电商物流信息平台，并给出了具体发展措施。刘有升等（2016）采用灰色关联度理论，构建了基于复合系统的跨境电商与现代物流协同评价模型，对跨境电商与现代物流的协同发展水平进行综合评价，结果显示现代物流的发展明显滞后于跨境电商，导致两者在结构和功能上无法有序耦合，并给出了相应分析。张夏恒和张荣刚（2018）构建了跨境电商与跨境物流复合系统协同模型,对两者的协同度进行了综合评价。其他很多学者也从不同的角度对跨境电商与跨境物流的协同影响因素和协同发展问题进行了研究,详见文献[11]~[13],这里不再赘述。

通过对现有文献进行梳理和分析可知,国内学术界对跨境电商与跨境物流的协同发展问题研究正处在快速发展阶段。虽然现有研究成果取得了重大进展,可也存在一定的局限性,主要体现在现有研究成果主要以定性分析为主,定量研究偏少并且研究方法选择单一有限。而且上述文献选择的影响跨境电商与跨境物流的评价指标因素大多过于宏观,关联度偏弱,虽然便于数据的收集、整理和分析,可是很难反映出影响跨境电商与跨境物流协同发展的内在驱动因素、外在驱动因素以及中介因素、调节因素等,提出的促进两者协同发展的措施也缺乏一定的针对性。钱慧敏等(2017)基于扎根理论模型对跨境电商和跨境物流的协同影响因素进行了分析,从协同环境、协同机制、协同关系、协同意愿、企业特征以及协同预期等方面进行了归纳总结,每个一级评价指标下又总结了相应的二级评价协同影响因素,最后给出了两者的协同评价目标与影响因素。本书在钱慧敏等(2017)研究成果基础上,继续分析影响跨境电商与跨境物流协同发展因素,构建了评价跨境电商与跨境物流协同发展的三级评价指标体系;基于熵值法(Entropy Method,EM)和模糊综合评价法(Fuzzy Comprehensive Evaluation Method,FCEM),建立了跨境电商与跨境物流协同影响因素评价指标模型。对影响跨境电商和跨境物流协同因素的权重、评价等级以及评价等级隶属度分别进行了计算和分析。根据分析结果,给出了促进跨境电商和跨境物流协同发展的有针对性的策略建议(陈浩东、潘勇,2019)。

(二) 跨境电商与跨境物流协同影响因素评价指标与模型构建

1. 构建跨境电商与跨境物流协同影响因素评价指标体系

根据国内外已有研究成果,考虑跨境电商与跨境物流不同行业特点以及各个影响因素的可得性和客观性,这里主要从外驱因素、内驱因素、中介因素、调节因素以及协同目标五个维度展开分析研究。内驱因素包括协同能力和协同关系两个子维度,其中协同能力包括基础设施水平、标准化程度、人力资源配置、现代信息技术水平、业务管理能力、企业创新能力等三级指标,协同关系由合作关系、信任关系、竞争关系及沟通关系等三级指标构成。外驱因素又包括协同环境和协同机制两个子维度，其中协同环境包括政府政策支持、行业市场环境、协同文化氛围、社会资源要求等三级指标，协同机制由运作机制、激励机制、信任机制、绩效考核机制以及权责利分配机制等三级指标构成。中介因素主要有协同意愿一个子维度，主要由协同欲望、协同信念和协同感知等三级指标构成。而调节因素包括企业特征和协同预期两个子维度，其中企业特征包括成员构成、企业经济特征和企业风险管理等三级指标，协同预期由预期收益、协同成本、风险感知与管控等三级指标构成。跨境电商与跨境物流协同评价目标主要由信息反馈效率、物流运输效率、物流运营绩效、企业核心竞争力、消费者体验、行业协同氛围六部分三级指标构成。根据以上分析以及相对应的逻辑关系，构建了能够反映跨境电商行业以及跨境物流行业协同影响因素的相关评价指标体系，如表2-2所示。

表2-2 跨境电商与跨境物流协同影响因素评价指标体系

一级指标	二级指标	三级指标	变量
内驱因素（X_1）	协同能力（X_{11}）	基础设施水平	X_{111}
		标准化程度	X_{112}
		人力资源配置	X_{113}
		现代信息技术水平	X_{114}
		业务管理能力	X_{115}
		企业创新能力	X_{116}
	协同关系（X_{12}）	合作关系	X_{121}
		信任关系	X_{122}
		竞争关系	X_{123}
		沟通关系	X_{124}
外驱因素（X_2）	协同环境（X_{21}）	政府政策支持	X_{211}
		行业市场环境	X_{212}
		协同文化氛围	X_{213}
		社会资源要求	X_{214}
	协同机制（X_{22}）	运作机制	X_{221}
		激励机制	X_{222}
		信任机制	X_{223}
		绩效考核机制	X_{224}
		权责利分配机制	X_{225}

续表

一级指标	二级指标	三级指标	变量
调节因素（X_3）	企业特征（X_{31}）	成员构成	X_{311}
		企业经济特征	X_{312}
		企业风险管理	X_{313}
	协同预期（X_{32}）	预期收益	X_{321}
		协同成本	X_{322}
		风险感知与管控	X_{323}
中介因素（X_4）	协同意愿（X_{41}）	协同欲望	X_{411}
		协同信念	X_{412}
		协同感知	X_{413}
协同目标（X_5）	跨境电商与跨境物流协同（X_{51}）	信息反馈效率	X_{511}
		物流运输效率	X_{512}
		物流运营绩效	X_{513}
		企业核心竞争力	X_{514}
		消费者体验	X_{515}
		行业协同氛围	X_{516}

2. 构建 EM – FCEM 的协同影响因素评价模型

（1）基于熵值法（EM）确定各评价指标的权重。

假设有 m 个跨境电商与跨境物流评价方案，n 个跨境电商与跨境物流评价指标，则构成了初始评价指标数据矩阵 $X = (x_{ij})_{m \times n}$：

$$X_{ij} = \begin{pmatrix} x_{11} & x_{12} & \cdots & x_{1n} \\ x_{21} & x_{22} & \cdots & x_{2n} \\ \vdots & \vdots & & \vdots \\ x_{m1} & x_{m2} & \cdots & x_{mn} \end{pmatrix}$$

对矩阵 $X = (x_{ij})_{m \times n}$进行无量纲标准化处理，得到矩阵 U_{ij}：

$$U_{ij} = \begin{pmatrix} u_{11} & u_{12} & \cdots & u_{1n} \\ u_{21} & u_{22} & \cdots & u_{2n} \\ \vdots & \vdots & & \vdots \\ u_{m1} & u_{m2} & \cdots & u_{mn} \end{pmatrix}$$

求各评价指标的熵值：$e_j = -(\ln m)^{-1} \times \sum_{i=1}^{n} p_{ij} \times \ln p_{ij}$。

其中，$p(x_{ij}) = u_{ij} \sum_{i=1}^{n} u_{ij}$，若 $p_{ij} = 0$，则定义 $p_{ij} \times \ln p_{ij} = 0$。

确定各评价指标的权重：$w_j = (1-e_j)/(n - \sum e_j)$，$j = 1，2，\cdots，n$。

（2）构建模糊综合评价法（FCEM）的协同影响因素评价模型。

在对一些具有模糊性或者不确定性的跨境电商与跨境物流评价指标进行评价决策时，很难给出确切的结果，这时可采用模糊综合评价法进行评价决策。采用模糊综合评价法评价跨境电商与跨境物流协同影响因素的基本思想是：在确定各评价指标的评价等级和权重的基础上，采用模糊集合变换原理，以评价等级隶属度描述各评价指标的模糊界限，构造模糊评价矩阵，通过多次多层的复合运算，最终确定评价指标所属等级。

应用模糊综合评价法评价跨境电商与跨境物流协同影响因素的步骤如下。

1）确定跨境电商与跨境物流协同影响因素即指标域；基于已有文献研究成果和本书选择的相关指标，指标域如表 2-2 所示。

2）确定跨境电商与跨境物流协同影响因素的评语等级论域；这里设定评语等级为 5，即 $N = \{n_1，n_2，n_3，n_4，n_5\}$，其中 n_1 表示非常满意，n_2 表示满意，n_3 表示一般，n_4 表示不太满意，n_5 表示不满意。假设有 A 位决策者对协同影响因素进行评价，不同的评语等级可以反映出专家或决策者对跨境电商与跨境物流协同影响因素不同的满意状况。

3）确定跨境电商与跨境物流协同影响因素评价目标；构造模糊评价矩阵 $\tilde{F} = (f_{ij})_{m \times n}$（$m$ 个评价目标，n 个评语等级），其中 $f_{ij} = f_{ij}(x)$ 为方案 x 在第 i 个目标处于第 j 级评语的隶属度。当对多个（m 个）目标进行综合模糊评价时，还要对各目标进行加权处理，设第 i 个目标的权重（系数）为 W_i，则可得权重（系数）向量 $M = (W_1，W_2，\cdots，W_m)$，满足：

$$\sum_{i=1}^{m} W_i = 1，W_i \geq 0$$

如果评价目标 i（$i = 1，2，\cdots，m$）又包括 k 个评价指标，则每个评价目标的隶属度（$f_{i1}，f_{i2}，\cdots，f_{in}$）需要由其模糊评价矩阵 $(S_i)_{k \times n}$（由各评价指标的

隶属度 $(s_{11}^i, s_{12}^i, \cdots, s_{1n}^i)$ $(i = 1, 2, \cdots, k)$ 构成）和各评价指标的权重值 $N_i = (W_{i1}, W_{i2}, \cdots, W_{ik})$ $(\sum_{p=1}^{k} W_{ip} = 1, W_{ip} \geq 0)$ 进行模糊加权处理得到。

4）利用模糊矩阵的模糊乘法"$\otimes$"得到跨境电商与跨境物流协同影响因素模糊综合评价矩阵 $\widetilde{G}$，即：

$$\widetilde{G} = M \otimes \widetilde{F} = (W_1, W_2, \cdots, W_m) \otimes \begin{bmatrix} f_{11} & f_{12} & \cdots & f_{1n} \\ f_{21} & f_{22} & \cdots & f_{2n} \\ \vdots & \vdots & \vdots & \vdots \\ f_{m1} & f_{m2} & \cdots & f_{mn} \end{bmatrix} = (g_1, g_2, \cdots, g_n)$$

其中，

$$(f_{i1}, f_{i2}, \cdots, f_{in}) = N_i \otimes \widetilde{S}_i = (W_1, W_2, \cdots, W_m) \otimes \begin{bmatrix} s_{11}^i & s_{12}^i & \cdots & s_{1n}^i \\ s_{21}^i & s_{22}^i & \cdots & s_{2n}^i \\ \vdots & \vdots & \vdots & \vdots \\ s_{k1}^i & s_{k2}^i & \cdots & s_{kn}^i \end{bmatrix}$$

$$= (i = 1, 2, \cdots, m)$$

模糊综合评价矩阵 $\widetilde{G}$ $(g_1, g_2, \cdots, g_n)$（实际上是 $1 \times n$ 的向量）表示方案 x 处于各级评语的隶属情况。矩阵的模糊乘法规则：只需要将矩阵中乘法的普通相乘"×"改为取最小"∧"运算，普通加法"+"换成取最大"∨"运算即可。

5）归一化各方案的模糊综合评价向量，根据评价指标的评价等级的隶属度做出决策。决策的准则为评价等级最高（好）的隶属度最大者为最优。即可以确定影响跨境电商与跨境物流协同发展因素的重要性。

根据以上分析，这里给出跨境电商与跨境物流协同发展影响因素评价模型实施的流程图，如图 2-3 所示。

（三）协同影响因素数值分析

若有 A 位评价者（专家）对构建的跨境电商与跨境物流的协同影响因素和协同目标以及融合的效果进行评价，考虑选择的跨境电商与跨境物流协同评价指

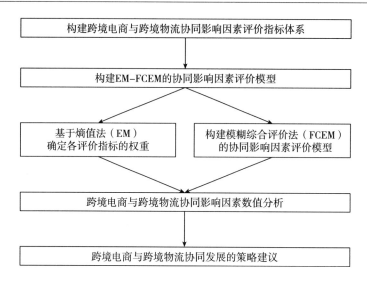

图 2-3　跨境电商与跨境物流协同发展影响因素评价模型实施流程

标如表 2-2 所示。评价指标体系确定后，根据构建的 EM – FCEM 评价模型，对各评价指标的权重和协同因素的评价等级隶属度计算和评价，具体流程与步骤如下。

1. 基于 EM 确定各评价指标的权重

该部分采用熵值法确定跨境电商与跨境物流协同评价指标的各影响因素的相关权重。本书选择了 20 位具有经营跨境电商物流企业实际经验的经理人和该理论领域专家学者，进行访谈和调查评价。根据 20 位评价者给出的各影响因素的重要性数值，依据熵值法的计算步骤，得到跨境电商与跨境物流各子系统评价指标的权重（见表 2-3），限于篇幅限制具体计算过程这里不再赘述。

表 2-3　跨境电商与跨境物流协同影响因素权重值

一级指标权重	X_1	X_2	X_3	X_4	X_5			
	0.263	0.221	0.199	0.200	0.117			
二级指标权重	X_{11}	X_{12}	X_{21}	X_{22}	X_{31}	X_{32}	X_{41}	X_{51}
	0.600	0.400	0.450	0.550	0.500	0.500	1.00	1.00

三级指标权重									
X_{111} 0.119	X_{112} 0.101	X_{113} 0.098	X_{114} 0.087	X_{115} 0.076	X_{116} 0.104	X_{121} 0.110	X_{122} 0.085	X_{123} 0.111	X_{124} 0.109
X_{211} 0.205	X_{212} 0.103	X_{213} 0.093	X_{214} 0.100	X_{221} 0.107	X_{222} 0.106	X_{223} 0.099	X_{224} 0.106	X_{225} 0.081	
X_{311} 0.167	X_{312} 0.155	X_{313} 0.207	X_{321} 0.158	X_{322} 0.176	X_{323} 0.137				
X_{411} 0.410	X_{412} 0.298	X_{413} 0.292							
X_{511} 0.158	X_{512} 0.162	X_{513} 0.199	X_{514} 0.179	X_{515} 0.172	X_{516} 0.130				

2. 基于 FCEM 评价跨境电商与跨境物流协同影响因素

采用构建的跨境电商与跨境物流协同影响因素模糊综合评价模型对跨境企业的各协同影响因素进行评价。首先将 20 位评价者对各个影响因素的评语等级进行汇总和分析,将各个影响因素的评语等级隶属度进行划分,得到各级影响因素的隶属度矩阵。20 位评价者对跨境电商与跨境物流的协同影响因素的评价情况如表 2-4 所示。

表 2-4　20 位评价者对协同影响因素的评价情况及评价等级隶属度

评价指标			评语等级					评语等级隶属度					
一级指标	二级指标	三级指标	n_1	n_2	n_3	n_4	n_5	n_1	n_2	n_3	n_4	n_5	合计
X_1	X_{11}	X_{111}	8	9	2	1	0	0.400	0.450	0.100	0.050	0.000	1.000
		X_{112}	6	10	3	1	0	0.300	0.500	0.150	0.050	0.000	1.000
		X_{113}	5	8	5	2	0	0.250	0.400	0.250	0.100	0.000	1.000
		X_{114}	6	10	4	0	0	0.300	0.500	0.200	0.000	0.000	1.000
		X_{115}	3	10	6	1	0	0.150	0.500	0.300	0.050	0.000	1.000
		X_{116}	1	12	7	0	0	0.050	0.600	0.350	0.000	0.000	1.000
	X_{12}	X_{121}	3	10	6	1	0	0.150	0.500	0.300	0.05	0.000	1.000
		X_{122}	3	9	7	1	0	0.150	0.450	0.350	0.050	0.000	1.000
		X_{123}	1	8	9	2	0	0.050	0.400	0.450	0.100	0.000	1.000
		X_{124}	5	9	5	1	0	0.250	0.450	0.250	0.050	0.000	1.000

评价指标			评语等级					评语等级隶属度					
一级指标	二级指标	三级指标	n_1	n_2	n_3	n_4	n_5	n_1	n_2	n_3	n_4	n_5	合计
X_2	X_{21}	X_{211}	4	10	5	1	0	0.200	0.500	0.250	0.050	0.000	1.000
		X_{212}	2	8	6	4	0	0.100	0.400	0.300	0.200	0.000	1.000
		X_{213}	1	9	7	3	0	0.050	0.450	0.350	0.150	0.000	1.000
		X_{214}	3	7	8	2	0	0.150	0.350	0.400	0.100	0.000	1.000
	X_{22}	X_{221}	6	12	2	0	0	0.300	0.600	0.100	0.000	0.000	1.000
		X_{222}	0	5	14	1	0	0.000	0.250	0.700	0.050	0.000	1.000
		X_{223}	1	5	10	4	0	0.050	0.250	0.500	0.200	0.000	1.000
		X_{224}	2	7	8	3	0	0.100	0.350	0.400	0.150	0.000	1.000
		X_{225}	0	6	13	1	0	0.000	0.300	0.650	0.050	0.000	1.000
X_3	X_{31}	X_{311}	1	7	2	10	0	0.050	0.350	0.100	0.500	0.000	1.000
		X_{312}	2	9	5	4	0	0.100	0.450	0.250	0.200	0.000	1.000
		X_{313}	1	9	6	4	0	0.050	0.450	0.300	0.200	0.000	1.000
	X_{32}	X_{321}	0	2	8	10	0	0.000	0.100	0.400	0.500	0.000	1.000
		X_{322}	1	9	8	2	0	0.050	0.450	0.400	0.100	0.000	1.000
		X_{323}	2	9	8	1	0	0.100	0.450	0.400	0.050	0.000	1.000
X_4	X_{41}	X_{411}	3	6	10	1	0	0.150	0.300	0.500	0.050	0.000	1.000
		X_{412}	0	6	14	0	0	0.000	0.300	0.700	0.000	0.000	1.000
		X_{413}	1	7	9	3	0	0.050	0.350	0.450	0.150	0.000	1.000
X_5	X_{51}	X_{511}	6	6	7	1	0	0.300	0.300	0.350	0.050	0.000	1.000
		X_{512}	2	8	7	3	0	0.100	0.400	0.350	0.150	0.000	1.000
		X_{513}	3	6	9	2	0	0.150	0.300	0.450	0.100	0.000	1.000
		X_{514}	2	7	9	2	0	0.000	0.350	0.450	0.100	0.000	1.000
		X_{515}	1	6	10	3	0	0.050	0.300	0.500	0.150	0.000	1.000
		X_{516}	3	7	9	1	0	0.150	0.350	0.450	0.010	0.000	1.000

根据表2-3和表2-4中数据可知：

N_1 =（0.119，0.101，0.098，0.087，0.076，0.104，0.110，0.085，0.111，0.109）

$$(S_1)^T = \begin{pmatrix} 0.400 & 0.300 & 0.250 & 0.300 & 0.150 & 0.050 & 0.150 & 0.150 & 0.050 & 0.250 \\ 0.450 & 0.500 & 0.400 & 0.500 & 0.500 & 0.600 & 0.500 & 0.450 & 0.400 & 0.450 \\ 0.100 & 0.150 & 0.250 & 0.200 & 0.300 & 0.350 & 0.300 & 0.350 & 0.450 & 0.250 \\ 0.050 & 0.050 & 0.100 & 0.000 & 0.050 & 0.000 & 0.050 & 0.050 & 0.100 & 0.050 \\ 0.000 & 0.000 & 0.000 & 0.000 & 0.000 & 0.000 & 0.000 & 0.000 & 0.000 & 0.000 \end{pmatrix}$$

所以 $N_1 \otimes S_1 = (0.119 \quad 0.119 \quad 0.111 \quad 0.100 \quad 0.000)$。

同理计算可得：

$N_2 \otimes S_2 = (0.200 \quad 0.205 \quad 0.205 \quad 0.106 \quad 0.000)$

$N_3 \otimes S_3 = (0.100 \quad 0.207 \quad 0.207 \quad 0.200 \quad 0.000)$

$N_4 \otimes S_4 = (0.150 \quad 0.300 \quad 0.410 \quad 0.150 \quad 0.000)$

$N_5 \otimes S_5 = (0.158 \quad 0.199 \quad 0.199 \quad 0.150 \quad 0.000)$

所以，模糊评价矩阵的转置矩阵：

$(F)^T = ((N_1 \otimes S_1)^T \quad (N_2 \otimes S_2)^T \quad (N_3 \otimes S_3)^T \quad (N_4 \otimes S_4)^T \quad (N_5 \otimes S_5)^T)$

而 $M = (0.263 \quad 0.221 \quad 0.199 \quad 0.200 \quad 0.117)$。

所以，

$M \otimes F = (0.200 \quad 0.205 \quad 0.205 \quad 0.199 \quad 0.000)$

$$\xrightarrow{\text{归一化}} \left(\frac{0.200}{0.809} \quad \frac{0.205}{0.809} \quad \frac{0.205}{0.809} \quad \frac{0.199}{0.809} \quad \frac{0.000}{0.809} \right)$$

$= (0.247 \quad 0.253 \quad 0.253 \quad 0.246 \quad 0.000)$

根据以上计算结果，可知在影响跨境电商与跨境物流协同因素的一级指标中，指标设置较为合理，非常满意占比为0.247，满意占比为0.253，一般满意占比为0.253，不满意占比为0.246，非常不满意占比为0。一般以上整体占比达到了0.753，说明决策者（评价者）对一级指标的选取相当认可，能满足企业当下需求。可是这些评价指标的选取也存在一定的局限性，建立柔性动态的一级评价指标调整机制，满足企业实际需求，是未来研究方向。

在二级指标的评价结果中，协同意愿和跨境电商与跨境物流协同目标权重分别为1.000，主要因为一方面协同意愿是促成跨境电商和跨境物流两个行业合作的核心要素，另一方面协同又是跨境企业实际运营追求的目标。协同能力的权重为0.600，协同关系的权重为0.400，协同能力是促进二者协同的根本动力，而协同关系只是起催化作用,所以前者权重大于后者。协同环境与协同机制的权重分别为 0.450 和 0.550,基本上保持了平衡,因为协同环境是支撑动力而协同机制是基本保障。企业特征和协同预期的重要性一样,企业特征是情景条件,后者是基础前提,故两者差异性不明显。这些结果基本上符合实际情况,说明评价者也基本上认同这些二级指标的设置。

在三级指标的评价结果中,基础设施水平获得的 n_1 隶属度最高为 0.400,评价者非常重视基础设施的投入与完善,说明了基础设施的重要性,这为决策者指明了投资管理的基本方向。企业创新能力的 n_1 隶属度仅为 0.050,说明跨境企业对创新能力的培育和重视不够,而这一指标正是企业核心竞争力的集中体现,在国家创新驱动战略大环境下,企业应大力提倡技术和管理创新,提高企业经营效率。政府政策支持的 n_1 隶属度为 0.200,这也基本上和实际吻合,跨境电商作为一种新模式和新业态,其主要实践载体网上丝绸之路已经成为国家对外贸易的重要形式,其快速发展主要得益于国家政策的大力支持。信息反馈效率的 n_1 隶属度为 0.300,主要因为现代企业与企业之间的竞争已经转变为供应链与供应链之间的竞争,进一步转变为供应链生态圈与供应链生态圈之间的竞争,而供应链管理的核心在于信息的及时流通与共享,优势互补,实现共赢。

(四)结论与政策建议

1. 结论

本章在已有研究成果基础上,对我国跨境电商和跨境物流的协同影响因素进行了分析。首先,基于已有研究成果,从内驱因素、外驱因素、中介因素、调节因素和协同目标 5 个一级维度,协同能力、协同关系、协同环境、协同机制、协同意愿、企业特征、协同预期以及跨境电商与跨境物流协同目标 8 个二级维度以及基础设施水平、标准化程度、合作关系、协同欲望等 34 个三级维度,构建了跨境电商和跨境物流协同影响因素的评价指标体系。其次,采用熵值法(EM)确定各个评价指标的相关权重,然后构建了基于模糊综合评价法(FCEM)的跨境电商和跨境物流协同发展影响因素模型。最后,根据 20 个评价者给出的评价结果,对影响跨境电商和跨境物流协同因素进行了计算和分析。结果显示,协同影响因素评价指标选择合理,基本上符合实际需求。可是本章研究也存在一定的局限性,样本数据偏少,没有考虑协同影响因素之间的关联性,未来研究方向可以采用灰色关联度理论、结构方程以及主成分分析进一步探讨各个影响因素之间的相互关系,构建更加全面、更加符合实际需求的理论评价模型。

2. 政策建议

在"一带一路"倡议和经济新常态发展环境下,实现跨境电商和跨境物流的协同发展是一个复杂的系统工程,需要政府、跨境企业以及市场等参与方的通力合作和配合。根据协同影响因素分析结果,本文构建了跨境电商与跨境物流协同发展路径(见图2-4),力求实现跨境电商与跨境物流的快速健康协同发展。

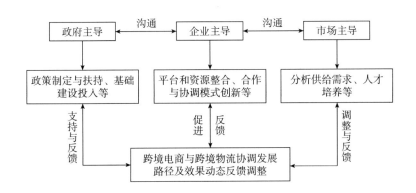

图 2 - 4 跨境电商与跨境物流协调发展路径

根据本章构建的跨境电商与跨境物流协同发展路径,本书建议:

(1)加大政府政策扶持力度,完善政府资源支撑体系。在追求经济高质量发展的新常态下,我国政府应继续加大对跨境电商物流行业的扶持力度,给以政策支持和法律保障,完善跨境电商物流的基础设施建设,构建国家级跨境电商与跨境物流信息平台,营造良好的协同发展环境。

(2)培育企业创新能力,增强企业核心竞争力。跨境电商与跨境物流企业在发展过程中,要注重技术的研发和创新,创新协同管理发展模式,要以企业需求为主导,注重企业内部、企业间以及企业与国家之间信息平台的整合、沟通、合作,促进跨境电商产业与跨境物流产业的有效融合。

(3)满足国内外市场实际需求,增进多方主体协同。实现跨境电商与跨境物流的协同发展需要政府、企业、行业协会以及市场的多方积极参与。根据市场实际需求，及时对相关政策进行有效调整，保证跨境电商与跨境物流主要影响因素的有效耦合。以市场需求为主导，以政策为依托，加强企业、高校和行业协会的协同，深化产学研合作，注重跨境电商与跨境物流复合型人才的培养，为二者的协同发展提供智力支持和人才储备（陈浩东，2018）。

三、跨境电商与跨境物流协同发展研究

在分析跨境电商与跨境物流协同影响因素的基础上，这里继续对现阶段我国跨境电商与跨境物流的协同发展问题进行研究。基于已有理论，构建跨境电商与跨境物流协同发展模型，分析二者的协同度，进而探索协同现状，为跨境企业决策提供理论依据与支撑。

（一）引言

随着"一带一路"倡议的深入推进以及空中丝绸之路、陆上丝绸之路、网上丝绸之路以及海上丝绸之路（简称"四条丝路"）的快速发展，我国对外经济贸易形式发生重大改变，跨境电子商务已经成为对外贸易的重要增长极，也是实现对外贸易转型升级的重要支撑。跨境电子商务已成为"大众创业、万众创新"的重要平台，是国民经济发展的重要引擎，也是未来数字经济发展的重要趋势。随着跨境电子商务的快速发展，跨境企业以及最终顾客对跨境物流的服务质量要求也随之提高。但是我国跨境电商与跨境物流的协同发展还存在不少问题，主要体现在以下几个方面：首先，跨境电商与跨境物流现阶段无法实现高效协同。随着国际经济一体化和经济全球化的快速发展，我国跨境电商发展迅速，占国民经济的比重也越来越大。2009 年我国跨境电商交易总额仅为 0.9 万亿元，而到2018 年，我国跨境电商的交易总额为 9.10 万亿余元，十年间我国跨境电商的交易总额实现了十倍的增长。我国跨境电商占进出口贸易的比率也由 6% 增长到29.5%。然而，我国跨境物流的发展却远远滞后于跨境电商。同时，物流基础设施薄弱、信息交流共享机制不健全等其他因素也制约了跨境物流的协同发展。其次，跨境电商与跨境物流缺乏共同机制与规则的约束。由于两者之间缺乏精准的客户对接机制，导致客户需求无法得到及时满足，降低了客户服务水平以及客户满意度。最后，跨境电商与跨境物流缺乏网络系统协同机制。横向跨境物流主要是指国际物流，即实现货物在各国之间的流通，是保证交易成功的重要环节；纵向跨境物流主要包括货物的仓储、运输、包装、流通加工等环节。现实生活中，其纵向与横向机制往往无法实现有效协调，即两者之间缺乏网络系统协同机制，无法实现有效协同发展。因此，基于"一带一路"发展需要和跨境电商物流行业的实际需求，对跨境电商与跨境物流协同发展问题进行分析研究，具有重要的理论和现实意义（陈浩东、燕晨雨，2019）。

（二）构建跨境电商与跨境物流协同发展评价模型

1. 构建跨境电商与跨境物流协同评价指标体系

选取跨境电商与跨境物流评价指标，构建两者的协同评价指标体系是构建跨境电商与跨境物流协同评价模型的前提和基础。基于已有研究成果和研究需要，本章共选取了 18 个评价指标体系，跨境电商系统能力有市场规模、行业质量、发展潜力三个维度。其中，市场规模包含进出口贸易总额和跨境电商交易总额两个指标，行业质量包含跨境电商交易规模年增长率、跨境电商占进出口贸易比率两个指标，发展潜力由网购网民增长率、居民消费水平、网购网民数量、零售业从业人员四个指标构成。跨境物流系统能力有市场规模、行业基础设施和关联行业水平三个维度。其中，市场规模由物流占 GDP 比重、快递业务收入规模两个指标构成，行业基础设施由运输行业固定资产投资额、铁路总里程、公路总里程、民航货运量和沿海港口数量五个指标构成，关联行业水平由高等学校毕业生数量、网民数和手机网民规模三个指标构成。跨境电商与跨境物流协同评价指标体系如表 2－5 所示。但是，这里为了保证跨境电商与跨境物流子系统之间的强关联性，需要剔除一些关联度较小的指标，保留关联度强的指标作为序参量，这里规定保留指标关联度大于等于 0.6 以上的指标。本章采用了灰色关联度模型来选取序参量指标，具体的计算公式为式（2－1）。

$$R = \frac{1}{n} \sum_{i=1}^{n} \frac{\left[\min |X_{1j}(t) - X_{2j}(t)| + \lambda \max |X_{1j}(t) - X_{2j}(t)| \right]}{\left[|X_{1j}(t) - X_{2j}(t)| + \lambda \max |X_{1j}(t) - X_{2j}(t)| \right]} \qquad (2-1)$$

表 2-5　跨境电商与跨境物流协同评价指标体系

子系统	维度	指标	变量
跨境电商系统能力	市场规模	进出口贸易总额（万亿元）	X_1
		跨境电商交易总额（万亿元）	X_2
	行业质量	跨境电商交易规模年增长率（%）	X_3
		跨境电商占进出口贸易比率（%）	X_4
	发展潜力	网购网民增长率（%）	X_5
		居民消费水平（百元）	X_6
		网购网民数量（亿人）	X_7
		零售业从业人员（百万人）	X_8
跨境物流系统能力	市场规模	物流占 GDP 比重（%）	Y_1
		快递业务收入规模（百亿元）	Y_2
	行业基础设施	运输行业固定资产投资额（万亿元）	Y_3
		铁路总里程（万千米）	Y_4
		公路总里程（万千米）	Y_5
		民航货运量（万吨）	Y_6
		沿海港口数量（百个）	Y_7
	关联行业水平	高等学校毕业生数量（万人）	Y_8
		网民数（百万人）	Y_9
		手机网民规模（百万人）	Y_{10}

2. 构建跨境电商与跨境物流协同度模型

这里假设用 $S = \{S_1, S_2\}$ 表示跨境电商和跨境物流构成的复合系统集合，其中 S_1 代表跨境电商，S_2 代表跨境物流，二者之间的合作与竞争的关系是一直存在的，并且这种关系推动跨境电商与跨境物流复合系统从无序到有序动态协同发展。令 $e_1 = \{e_{11}, e_{12}, \cdots, e_{1j}\}$ 为跨境电商子系统的序参量，$e_2 = \{e_{21}, e_{22}, \cdots, e_{2j}\}$ 为跨境物流子系统的序参量（$j = 1, 2, \cdots, n$ 为各序参量指标的个数），e_{1j} 的取值范围为 $[a_{1j}, \beta_{1j}]$ 的取值范围为 $[a_{2j}, \beta_{2j}]$（a_{ij} 为 e_{ij} 的下限，β_{ij} 为 e_{ij} 的上限）。各子系统序参量功效函数的大小可以用来衡量每一个序参量对该

子系统的贡献程度,具体公式如式(2-2)所示:

$$u_i(e_{ij}) = \begin{cases} (e_{ij}-\alpha_{ij})/(\beta_{ij}-\alpha_{ij}), & i=1,2;j=1,2,\cdots,k \\ (\beta_{ij}-e_{ij})/(\beta_{ij}-\alpha_{ij}), & i=1,2;j=k+1,k+2,\cdots,n \end{cases} \qquad (2-2)$$

由以上描述可知,$u_i(e_{ij})$ 越大,说明 e_{ij} 对系统的贡献度越大,反之亦然。由于不同指标所占比重不同,所以通过熵值法计算出各个指标所占比重,以便利用已有加权求和法求解效能函数,具体公式如式(2-3)所示:

$$u_i(e_i) = \sum_{j=1}^n w_j u_i(e_{ij}), i=1,2; w_j \geq 0, \sum_{j=1}^n w_j = 1 \qquad (2-3)$$

其中,w_j 为各指标权重。$u_i(e_i)$ 数值的大小可以正向显示各个子系统对复合系统的贡献程度。

因为跨境电商与跨境物流处于不断的动态演变之中,假设从 t_0 到 t_1 时间段内,子系统的有序度从 u_0 演变到 u_1,若 $u_1 > u_0$,那么说明整个复合系统处于正态协同,说明这两个子系统具有正向协同效能,用 U 表示,U 的具体计算公式如式(2-4)所示:

$$U = \lambda n \sqrt{\prod_{i=1}^n |u_i^{t_1}(e_i) - u_i^{t_0}(e_i)|}, \quad 其中 \quad \lambda = \begin{cases} 1, u_i^{t_1}(e_i) \geq u_i^{t_0}(e_i) \\ -1, u_i^{t_1}(e_i) \leq u_i^{t_0}(e_i) \end{cases}$$

$$(2-4)$$

U 的具体情况有以下三种:一是 $U=-1$,这说明该系统极度不协同;二是 $U=1$,这说明该系统极度协同;三是 U 处于 $-1\sim1$,这是一种比较普遍的现象。

(三)实证分析

1. 数据来源与处理

我国 2009~2018 年跨境电商与跨境物流评价指标相关数据如表 2-6 所示。表 2-6 中数据均来自《中国统计年鉴》《中国物流年鉴》等文献。但是有个别数据无法查到,这里用 Excel 趋势计算得到了相关未知数据,在表 2-6 中用"*"号标注。此外,由于各指标单位不一致,需要对数据进行标准化处理。

2. 基于灰色关联度的指标筛选

根据本章给出的灰色关联度评价模型(式(2-1)),得到跨境电商与跨境物流复合系统 18 个原始评价指标之间的整体关联度,结果如表 2-7 所示。

表2-6 2009～2018年跨境电商与跨境物流评价指标数据

V	2009 年	2010 年	2011 年	2012 年	2013 年	2014 年	2015 年	2016 年	2017 年	2018 年
X_1	15. 10	20. 20	23. 60	24. 40	25. 80	26. 40	24. 60	24. 30	27. 80	30. 51
X_2	0. 90	1. 30	1. 80	2. 10	3. 20	4. 20	5. 40	6. 70	8. 10	9. 00 *
X_3	12. 50	22. 00	54. 50	23. 50	50. 00	33. 00	28. 60	24. 10	20. 30	11. 10
X_4	6. 00	6. 30	7. 50	9. 60	12. 20	15. 90	22. 00	27. 60	29. 10	29. 50 *
X_5	36. 30	35. 80	28. 40	23. 90	24. 70	19. 70	14. 30	11. 20	8. 40	6. 10
X_6	95. 14	109. 19	131. 34	146. 99	161. 90	177. 78	193. 97	212. 85	229. 02	220. 94
X_7	1. 10	1. 50	1. 90	2. 50	3. 10	3. 80	4. 60	4. 60	5. 00	5. 30
X_8	43. 67	50. 13	52. 75	57. 52	65. 53	68. 18	68. 28.	69. 76	67. 74.	68. 86
Y_1	18. 10	17. 80	17. 80	18. 00	18. 00	16. 60	16. 00	15. 00	14. 60	14. 40
Y_2	1. 01	4. 42	7. 58	10. 55	14. 41	20. 45	27. 69	40. 05	49. 57	60. 10
Y_3	2. 30	2. 80	2. 70	3. 00	3. 60	4. 30	4. 90	5. 40	6. 10	6. 30
Y_4	8. 60	9. 10	9. 30	9. 80	10. 30	11. 20	12. 10	12. 40	12. 70	13. 10
Y_5	386. 10	400. 80	410. 60	423. 80	435. 60	446. 40	457. 70	469. 60	477. 30	483. 90
Y_6	445. 50	563. 00	557. 50	545. 00	541. 60	593. 30	625. 30	666. 90	706. 00	738. 00
Y_7	53. 20	54. 53	55. 32	56. 23	56. 57	58. 34	58. 99	58. 87	59. 01	58. 94
Y_8	531. 10	575. 40	608. 20	624. 70	699. 00	727. 00	749. 00	765. 00	795. 00	820. 00
Y_9	384. 00	457. 30	513. 10	564. 00	617. 58	648. 75	688. 26	731. 25	771. 98	828. 51
Y_{10}	233. 44	302. 74	355. 58	419. 97	500. 06	556. 78	619. 81	695. 31	752. 65	816. 98

表2-7 跨境电商与跨境物流整体关联度矩阵

	X_1	X_2	X_3	X_4	X_5	X_6	X_7	X_8
Y_1	0. 647	0. 971	0. 471	0. 971	0. 917	0. 893	0. 904	0. 723
Y_2	0. 775	0. 994	0. 380	0. 972	0. 951	0. 936	0. 933	0. 781
Y_3	0. 776	0. 995	0. 333	0. 989	0. 965	0. 970	0. 975	0. 858
Y_4	0. 793	0. 979	0. 275	0. 984	0. 982	0. 983	0. 994	0. 905
Y_5	0. 858	0. 969	0. 192	0. 967	0. 988	0. 995	0. 993	0. 934
Y_6	0. 824	0. 945	0. 262	0. 922	0. 917	0. 915	0. 901	0. 789
Y_7	0. 839	0. 891	0. 088	0. 906	0. 953	0. 968	0. 975	0. 968
Y_8	0. 873	0. 955	0. 125	0. 945	0. 970	0. 985	0. 991	0. 953
Y_9	0. 895	0. 963	0. 160	0. 948	0. 984	0. 987	0. 984	0. 932
Y_{10}	0. 851	0. 983	0. 228	0. 974	0. 987	0. 989	0. 989	0. 913

从表 2 - 7 可知，跨境电商与跨境物流各自评价指标之间存在着较强的关联性，除 X_3 以外，跨境电商与跨境物流的关联度基本都在 0.6 以上（最大值为1），这意味着剩余指标之间有着较强关联性，说明选取的评价指标合理。将指标 X_3 剔除后，得到了研究需要的跨境电商与跨境物流的序参量指标体系，即 X_1，X_2，X_4，X_5，X_6，X_7，X_8；Y_1，Y_2，Y_3，Y_4，Y_5，Y_6，Y_7，Y_8，Y_9，Y_{10}。

3. 基于熵值法的评价指标权重确定

熵值法是一种客观的赋权方法。熵值法的计算过程为：首先根据各指标的变异的程度计算出各指标的熵权，其次对熵权进行修正以得到比较客观的权重。熵值法比主观赋值法精确度更高客观性更强。根据熵值法具体计算过程，可得各个评价指标的权重值，结果如下：

$W_{1j} = (0.021, 0.400, 0.290, 0.060, 0.017, 0.190, 0.022)$

$W_{2j} = (0.242, 0.412, 0.109, 0.019, 0.005, 0.085, 0.011, 0.018,$
$0.046, 0.053)$

4. 跨境电商与跨境物流系统协同度分析

根据式（2 - 2）、式（2 - 3）、式（2 - 4），可以分别得到跨境电商子系统和跨境物流子系统的有序度以及两者之间的协同度，有序度和二者协同度变化趋势如图 2 - 5 所示。

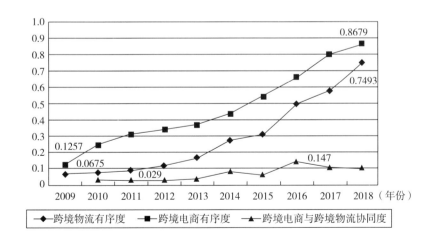

图 2 - 5　跨境电商与跨境物流有序度和两者协同度趋势

通过对 2009～2018 年我国跨境电商与跨境物流之间协同度的计算结果可以发现，这十年中，跨境电商与跨境物流子系统各自的有序度呈不断上升趋势，二者之间的协同度在 [0，1] 上下波动，具体表现如下：

（1）跨境电商与跨境物流子系统能力持续增长。

国家及地方各政府部门出台的一系列利好政策，无疑为跨境电商物流提供了一个快速发展的历史机遇。本章数据分析的结果，也印证了这一事实。由计算结果可以看出，我国跨境电商子系统有序度呈现逐年增长趋势，由 2009 年的 0.1257 增长到 2018 年的 0.8679。与此同时，跨境物流子系统的有序度也稳步增长，从 2009 年的 0.0675 增长到 2018 年的 0.7493。此外，由于基础设施建设不断完善，为跨境电商与跨境物流提供了基础保障，复合型人才缺乏、跨境电子支付等问题也有所改善。以上种种措施都无疑促进了跨境电商物流的发展，并且可以肯定的是，这种增长趋势将会持续。

（2）跨境物流系统能力弱于跨境电商系统能力。

由跨境电商与跨境物流各自有序度发展趋势可知，跨境物流的发展滞后于跨境电商的发展，并且在一定程度上阻碍了跨境电商的发展。导致跨境物流发展滞后于跨境电商的原因有很多，如报关流程周期长、跨境物流固定投资大、跨境国家的物流标准化程度差异以及不同区域内法律和文化等体制的不同等原因都在一定程度上阻碍了跨境物流的发展。

（3）跨境电商与跨境物流虽协同发展，但协同水平较低。

从发展趋势图不难看出，跨境电商与跨境物流各自的有序度都呈上升趋势发展，但是两者之间的协同度却呈现一定程度的浮动，说明两者之间的发展存在较大差距。任何一方落后都会导致复合系统协同度的降低，并且即使两者各自有序度都处于较高水平，也可能出现两者之间协同度较低的情况。研究发现，2009～2018 年，我国跨境电商与跨境物流之间的系统协同度一直处于 [0，1] 浮动，虽然总体上有所增长，但是仍处于较低水平。其中，协同度最低的是 2011 年的 0.029，最高的是 2014 年的 0.147，且远远低于各自的有序度。

跨境电商与跨境物流各自的有序度虽然能在一定程度上决定两者之间的协同度，但是，要实现两者之间的高度协调，仍需要跨境电商与跨境物流之间的有效耦合。由于现在跨境物流的发展滞后于跨境电商的发展，导致两者之间无法实现高度耦合，进而导致两者之间协同水平较低，这说明跨境电商与跨境物流之间的协同发展仍处在相对不成熟阶段，从不成熟到成熟还有很长的路要走。

（四）跨境电商与跨境物流协同发展的策略建议

基于本章数据分析结果，跨境电商与跨境物流的协同度发展水平较低，两者之间的耦合度有待提升。这里从政府、企业、行业以及"一带一路"倡议下的合作体制等方面展开分析，给出促进跨境电商与跨境物流协同发展的策略建议。

一是加强政策支持，完善协同发展机制。加强跨境电商基础设施建设，健全跨境物流综合服务体系，大力发展跨境电商物流产业园区，建立健全支持跨境电商与跨境物流发展的体制体系建设，积极推进跨境电商物流信息服务平台建设，为国内中小企业走出国门提供政策和平台支持。

二是优化跨境企业信息服务平台，建立一站式综合服务体系。切实做到实心实意为跨境企业服务，树立标杆企业，避免政策流于形式；与此同时加强空中丝绸之路、陆上丝绸之路、网上丝绸之路和海上丝绸之路（简称"四路"）的建设，推进海外仓、边境仓等新跨境物流服务模式的发展。

三是构建多方主体协同发展机制，推进跨境物流国际标准化建设。在"一带一路"倡议下，积极推进多方合作，建立完善的沟通交流协调机制，推进不同区域、不同国家间的跨境电商信息平台建设，促进跨境物流服务标准化的发展，实现柔性化的合作机制。

四是加强跨境电商物流复合型人才培养，促进产学研健康发展。跨境电商物流产业的发展离不开跨境电商物流复合型人才的智力支撑，加强高等院校、跨境企业和行业协会的联动机制，建立培养复合型人才的动态调整模式，以实际需求为导向、以学校为中心、以行业协会为纽带，促进跨境电商与跨境物流行业协同发展（陈浩东，2018）。

第三章　河南省"四路建设"与金融需求协同分析

一、河南省金融业发展现状

在河南跨境电商与跨境物流快速发展的同时，近几年河南金融业也取得了健康快速发展。突出发展现代金融，大力实施"引金入豫"工程，做大做强"金融豫军"。加快银行、证券、保险、期货、信托、租赁等各类金融业发展，推动金融组织创新、产品和服务模式创新，积极发展普惠金融、绿色金融、科技金融等新兴业态，支持企业境内外上市、挂牌、发行债券，优化金融生态环境。被寄予厚望的"金融豫军"，近年来不断发力、快速崛起。2014 年 6 月 25 日，中原证券在香港联交所成功上市，河南走出了"金融第一股"。短短一年半之后，郑州银行再次登陆 H 股市场，募集资金约 50 亿港元，成为河南省首家登陆香港资本市场的银行业金融机构。2016 年 11 月 25 日，中原证券获中国证监会核准，正式拿到发行批文，登陆 A 股市场。由 13 家地方性城市商业银行通过新设合并方式组建的河南省首家省级股份制商业银行——中原银行，历经近 2 年的发展，以 50.92 亿美元的一级资本，位列"世界 1000 家银行排名"第 210 位，在国内上榜的 119 家银行中位居第 31 位，告别"小、散、弱"，服务全省经济社会发展的能力持续增强。

加快郑东新区金融集聚核心功能区建设，吸引境内外金融机构区域总部入驻，建设金融后台与外包服务产业园区，打造郑州区域性金融中心。壮大金融机构,推动中原证券公司、万达期货公司等上市融资,支持中原信托公司增资扩股,完成省级银行组建,推动设立地方保险法人机构、资产管理公司、金融租赁公司、大型基金公司和区域性股权交易市场。

鼓励民间资本入股和参与金融机构改造,发起设立民营银行、村镇银行、消费金融公司等金融机构。推动农村信用社改组为农村商业银行。培育发展多层次资本市场,支持郑州商品交易所丰富期货品种、争取开展境外投资者参与交易试点,在重点领域发起设立创业投资基金和产业投资基金。推动企业上市融资和在全国中小企业股份转让系统挂牌,引进保险资金,做好永续债券、债贷组合、中小企业私募债业务和资产证券化业务试点工作,大力发展信托、委托贷款和承销中期票据、短期融资券等业务。

深化郑汴金融同城和农村金融改革,支持发展互联网金融业务,积极发展交通运输、施工、制造等大型设施设备融资租赁服务业,在郑州航空港经济综合实验区内具备条件的金融机构适时开展综合经营试点,支持实验区开展离岸金融业务,设立中原航空港产业投资基金。

河南现代金融业的健康快速发展,将为河南深入实施"一带一路"倡议,打造对外开放新高地,促进河南对外贸易转型升级和河南供给侧结构性改革,实现河南经济高质量发展,加快"四路"建设提供了良好的基础和支持。同时,河南经济的高质量发展,又会促进河南金融业的快速发展,力争实现两者的有序协同发展。

(一) 河南省金融业总体现状分析

中部崛起战略作为我国重要的国家层面区域发展战略,为中原城市群和郑州龙头城市的发展既提供良好的发展机遇,也提出重大而迫切的战略任务。伴随经济一体化进程的不断深化,金融依然是现代经济的核心。金融发展水平在某种程度上对经济发展方式根本转变和产业结构的调整升级起着决定和制约作用,以高水平、高质量的金融业发展带动区域经济持续健康发展已成多方共识。"十三五"期间,河南省已初步形成了银行、证券、保险等各业并举、较为完善的金融机构网络,资本市场与货币市场相互促进共同发展的金融产业格局,以及功能较为完备,运行稳健的金融市场体系。

近年来，河南省通过深化金融体制改革，分别从制度供给和实践操作层面积极鼓励金融创新，在金融业不断进行深化金融改革，金融业发展较迅速。金融业自身在贯彻国家宏观调控政策的过程中，能够抓住机遇，积极应对挑战，实现了持续稳健运行，金融机构经营活力不断提升，金融经营资产规模稳步增长，信贷结构不断优化，金融市场功能继续完善，服务地方经济发展的能力进一步提升，金融对经济发展的支持和助推作用逐步增强。金融改革逐步深化，金融市场功能继续完善，金融生态建设取得新进展。

河南省作为中西部地区率先实现 GDP 超万亿的省份，财富总量优势无可争议，作为中原经济区的主体，中心区位优势明显。随着先进制造业基地和现代物流中心的加速形成和壮大，物流、信息流、资金流的大量交汇扩散，其对周边区域的经济和金融辐射作用将不断增强。2019 年河南省金融业表现出稳中有进的总体态势，全省金融业在支农支小（支持涉农企业和小微型企业）方面成果显著，服务实体经济能力增强。

就全国来看，2018 年河南省金融业增加值占全国金融业增加值的 4.24%。从全国层面来看，河南省金融业总量指标较好，但金融业发展滞后于经济发展水平。在中部六省中，河南省金融产业增加值位列第一，在中部地区而言，金融业整体实力不错。但从金融业增加值占 GDP 比重来看，河南省落后于山西、湖北、安徽三省，金融业对经济发展的贡献度较低。可见，河南省若想要打造中部地区的区域金融中心还需要继续大力发展金融产业，提升金融业对实体经济的支撑力度。

从金融资源省内分布来看，2018 年仅郑州市金融业增加值就达到 5435.3 亿元，前五名郑州、洛阳、新乡、南阳、平顶山五市金融业增加值总和已占全省的 69.27%以上。而后五名漯河、济源、鹤壁、濮阳、开封五市金融业增加值总和占比仅有 5.4%。河南省金融业呈现明显的区域发展不均衡状态，有待进一步改善。2018 年，全省各项存款总额达到 63867.63 亿元，全省各项贷款总额 47834.76 亿元。全省累计实现保费收入 2262.85 亿元。河南省将继续推动有实力、有条件的企业到境外股票市场融资，鼓励各个（县、区）发行地方政府债券。

但从更广阔的视野辩证来看，目前河南省金融业的发展状况与其经济总体水平并不相称，尽管河南省是中部经济大省，经济总量在全国位居第六。近几年河南经济迅速发展也相应地促进了金融业的发展，在金融机构存贷款量、企业上市和保险事业等方面都取得了较大的进步。但其金融业发展却相对落后，金融相关比率低于全国水平，金融机构信贷增速相对较慢，资本市场发展滞后于信贷市场，不仅银行等金融机构效率较低，证券市场规模过小，保险市场开发程度低，而且金融产业的直接经济贡献度不升反降，有悖于经济发展常态，并且金融机构体系的不合理，导致地方金融机构的发展滞后于其他省份。基于河南金融业发展过程中存在的相关问题，还有较大的进步空间。

（二）河南省金融业分行业现状分析

1. 银行业发展现状

河南省银行业整体运行平稳，资产规模持续增长，信贷结构不断优化，不良贷款率稳步下降，企业盈利能力持续增强。金融改革纵深推进，全省银行业整体实力显著增强。其中股份制银行、城市商业银行纷纷开始跨区域发展。截止到2018年底，河南省银行业规模继续壮大，2018年河南省大型商业银行网点较上一年略有增加，商业银行不良贷款比率为1.67%，银行业整体实力和抗风险能力显著增强。股份制商业银行、城市商业银行、新型农村金融机构发展迅速，银行金融机构体系更完善，类型更多元化。2016年河南省金融机构存款余额为53977.62亿元，较2007年翻了两番。金融机构贷款余额为36501.17亿元是十年前的3.82倍。存、贷款规模不断扩大。从资源分布来看，2017年郑州市金融机构存款余额占全省的34.45%，是第二名洛阳的3.8倍，体现了郑州银行业发展的明显优势。前五名的郑州、洛阳、南阳、信阳、驻马店提供了全省59.74%的存款。而济源、鹤壁、漯河、三门峡、濮阳这五个存款后五名的城市，存款余额之和只占全省总量的8.3%，不足郑州市的四分之一。2016年郑州金融机构贷款余额占全省43.01%。郑州市的贷款余额是第二名洛阳市的5.12倍。前五名的郑州、洛阳、南阳、平顶山、许昌，贷款余额总和占全省65.18%。贷款后五名的济源、鹤壁、漯河、濮阳、三门峡，贷款余额总和只占全省的7.73%。金融机构贷款余额分布更为集中，在资金运用方面体现了更明显的集聚现象。存、贷款余额前几名的城市，经济均较为发达，河南省经济发展滞后的地市资金来源与运用表现均不佳。

据河南银监局统计，截至 2018 年底，河南省共有 3 家政策性银行、6 家国有商业银行、11 家股份制商业银行，另有汇丰银行、东亚银行 2 家外资银行在河南省设立了分支机构，45 家农村商业银行，60 家村镇银行。河南省银行业在发展过程中不断转变发展方式，加快体制机制改革和组织制度创新，已经步入了发展的快车道。截至 2018 年底，全省银行业累计发放小微企业贷款 12786.37 亿元、涉农贷款 18207.64 亿元、保障性安居工程贷款 2796.15 亿元。外资银行如汇丰、东亚、花旗等开始发挥效力，城乡互动、中外互补的金融竞争格局初步形成。但从金融行业整体发展结构来看，河南省金融机构往往因为单体规模小，发展不平衡，很多金融机构需要聚集合作。全省最大的城乡银行，郑州银行资产规模过千亿元，城市商业银行数量较多，但资本实力与全国比较弱，区域影响力还十分有限。2018 年河南银行业金融机构参数如表 3-1 所示。

表 3-1　2018 年河南省银行业金融机构参数　　　　单位：亿元,%

项目指标	数值	比年初增加
总资产	80526.95	4560.34
总负债	77361.79	4327.85
各项存款	64829.68	4792.08
各项贷款	47702.44	5114.57
不良贷款（主要商业银行）	402.19	35.97
不良贷款率（主要商业银行）	1.67	-0.01
贷款损失准备（主要商业银行）	540.74	86.94
拨备覆盖率（主要商业银行）	134.45	10.53
资本充足率	13.11	-0.88
涉农贷款	18207.64	1404.22
小微企业贷款	12786.37	859.70
保障性安居工程贷款	2796.15	593.23

注：各项存款和各项贷款均使用人民银行口径。主要商业银行口径为国有商业银行和股份制商业银行。

2. 证券业发展现状

河南证券市场近年来同样实现了平稳较快发展，资本市场规模进一步扩大。

《2018 年河南统计年鉴》显示，截至 2017 年 12 月 31 日，河南省共有上市公司 120 家，比 2016 年增加 12 家，上市公司共发行股票 120 只，募集资金 3210.17 亿元。截至 2017 年末，河南省共有证券营业部 292 家，其中外省证券公司在本省设立的经营机构 234 家。证券经营机构数量、上市公司数量与募集资金总额及投资者数量等均创历年新高，如表 3-2 所示。

表 3-2 2013～2017 年河南省证券业和资本市场发展情况

指标年份	2013	2014	2015	2016	2017
年末上市公司数量（家）	95	99	101	108	120
年末募集资金总额（亿元）	1831.32	2249.21	2631.60	2984.70	3210.17
年末证券营业部数量（家）	208	219	301	287	292
投资者开户数（万户）	421.51	447.07	579.00	687.00	712.00

资料来源：《河南省统计年鉴》。

河南省证券市场发展的另一个亮点是，企业在持续加强通过股票市场募集资金力度的同时，积极拓宽融资渠道，其中发行公司债券的方式得到快速发展。全省直接融资规模达 3210.17 亿元，直接融资稳步提升。上市公司流通股总市值 5418.56 亿元，股票成交量 60049.8 亿元。有两家期货公司总部设在河南，郑州商品交易所期货交易种类和规模不断扩大。但在基金方面，河南省仍没有一家基金公司的总部，基金业发展相对滞后。从证券业资源分布来看，仅郑州一市证券交易额就占去全省的 53.37%，是第二名洛阳的 5 倍以上，是第三名新乡市的 13 倍，体现了郑州市在河南省证券业的绝对地位。前五名郑州、洛阳、新乡、南阳、焦作五市证券交易额之和占全省 74.69%，排在最后的济源、鹤壁、漯河、三门峡、许昌五市之和只占全省的 5.56%，不足郑州市证券交易额的十分之一。相较于银行业，河南省证券业资源分布更不均衡，郑州等几个经济较好的城市占据全省绝大部分的上市公司、期货公司、基金公司资源，证券业集聚现象相当明显。

3. 保险业发展现状

近年来，河南保险业获得长足发展，保险业的整体实力与竞争力稳步提升，其运行模式、发展经验和理念呈现出鲜明的地方特色，保险业的保障功能、经济功能不断增强。但也面临着保险主体粗放发展、覆盖面窄、有效产品供给不足、参保意识不强等障碍性因素。要通过转变发展方式，推进"三农"保险和产品创新力度，加强保险宣传教育和保险队伍建设等途径推进河南保险业又好又快发展。

河南保险业整体实力及核心竞争力稳步提升，整体实力明显增强。近年来，随着经济社会的发展，河南保险业快速增长，成为地方经济中发展速度最快的行业之一。相对来说，由于保险业的发展对社会保障、灾难补偿等关乎社会稳定的民生问题意义重大，在相关政策的引导和推动下，河南省保险业覆盖面和普及度更广。但由于保险市场的不完善，河南省的保险市场存在很多问题：

（1）公众风险意识较弱，投保意愿不高。传统观念是公众保险意识淡薄的原因之一，还有部分地区贫穷落后没有意识，在我国公众的传统观念中，人是最重要的，一旦发生意外事故，尤其是当事人不幸身故时，大部分人都持有一种"人都没了，还要钱干嘛"的观念。事实上，保险的重大意义在这时得以凸显，当受害人不幸发生事故时，通过购买保险，在关键时候可以起到雪中送炭的作用。

（2）保险业的法规性建设不强。保险业最近几年发展迅速，河南作为人口大省，在保险的销售方面也独占鳌头。但由于错综复杂的社会，以及保险市场的不健全，在保险的某些领域仍处于无法可依的阶段。现行的保险法律，亟待完善。虽然有相关的法规做监督但对于迅猛发展的保险业务来说，许多新的问题在《保险法》和相关管理办法中并没有明确的规定，因此应加大保险业的法规建设。

（3）保险业从业人员的素质有待提高。目前河南省保险业各类专业人才严重不足，从业人员的综合素质不是很高，服务水平缺乏专业性。大部分从事保险销售的人员尤其是农村保险销售，大多是不具有专业知识的销售人员，由于销售人员的不专业，会严重导致投保人并未购买到适合自己的保单。久而久之会严重影响整个保险行业的发展。

（4）河南省的保险份额尤其是财产保险的份额大部分被五个保险公司垄断，由于保险公司数量和类型有限，致使所能提供的保险商品种类较少，保险公司在创新方面并没有取得多大的进步，原来的条款费率已不能满足人民群众的需求。

再加上中介市场的不发达，更是制约保险商品市场的发展。河南保险业能够在中部地区稳坐龙头老大的主要原因在于河南保险业持续严厉查处市场违法违规行为，始终保持保险监管的高压态势，按照"突出重点、标本兼治、多管齐下、综合治理"的方针，以查处虚假经营行为和损害被保险人利益为重点，采取市场巡查、重点抽查和专项检查等多种形式。

4. 租赁业发展现状

河南是众多融资租赁公司核心业务省份。融资租赁业，可以说是中国最早对外开放的金融行业，容纳了大量外资进入。河南的经济发展态势、持续提升的对外开放水平和自贸试验区建设都为发展融资租赁业提供了绝佳机会。河南省现有的内外资融资租赁公司代表有宇通集团、中铁工程装备集团、郑州煤矿机械集团、中国一拖集团、中信重工、卫华集团、森源集团、许继集团等河南省知名企业。

作为现代服务业中的重要行业，融资租赁始终是国家重点发展和扶持的对象，在"一带一路""供给侧改革"和"去杠杆"的背景下，融资租赁扮演着创新者的角色，已成为促进经济结构调整、产业转型升级和降低资产负债率的重要推动力，对促进工业设备销售、盘活存量与技术进步具有显著的拉动作用。

河南融资租赁行业起步相对较晚，覆盖面窄，市场渗透率不足，但这也意味着有巨大的发展潜力和发展空间。在河南着力打造内陆开放高地、开放型经济保持强劲发展态势的今天，融资租赁业发展正当时。融资租赁企业主要从事交通运输设备、航空装备、工业装备、农林牧渔设备、通用机械设备、医疗设备、节能环保设备等融资租赁业务，主要采取直租、售后回租等经营方式。融资租赁业起点较低，规模较小，覆盖面窄，市场渗透率不足。不仅无法与全国融资租赁业先进省份相比，而且远远低于全国5%的平均水平。但是这种差距就是发展潜力、发展空间和发展机遇。

在租赁业方面，目前河南融资租赁企业23家，金融租赁企业2家。河南自贸区挂牌以来，郑州航空港兴港租赁、河南国宏融资租赁、河南省农业融资租赁等获批内资融资租赁试点企业。

（三）河南省金融业发展水平分析

近年来，河南省金融业虽然取得了长远发展，但是还存在不足，主要体现在以下四个方面：

第一，河南省金融业外部环境欠佳。长期以来，河南省存在金融监管不严、法制不完善的情况，影响了金融机构进驻河南省及郑州航空港区的进程。具体表现为银行业虚假借债、欠债、逃债情况时有发生，直接导致坏账的增加，对银行业发展极其不利。这种不良作风未能得到及时遏制，导致银行业诚信缺失、监管及执法不力，不仅影响各分支机构放款的额度和条件，还会延缓未进驻的金融机构在河南省设立分支机构的进程。因此，加强金融监管，建立合理的监管体制，从制度上规避运营风险，注重企业诚信建设，促进河南金融业健康发展。

第二，河南省资本市场发育不全。首先，河南省证券机构数量太少，只有中原证券一家，势单力薄，不能形成集聚效应。其次，中原证券自身实力也不强，在帮助企业上市方面作用有限。因此，加大河南优秀证券企业的培育力度，积极引进国内优秀金融机构入驻河南，营造金融业良好的发展氛围，形成河南金融业发展的集聚效应，服务河南实体经济高质量发展。

第三，河南省金融机构数量少。由表3－3可见，河南省与经济较发达的浙江省和江苏省相比较，金融机构少且发展不均衡。首先，与浙江省、江苏省相比，总部设在河南省的证券公司、基金公司和期货公司仅有3家，而浙江省有18家，江苏省有16家。缺乏本地区金融机构的支持致使河南经济处于被动局面，无"捷径"可走。同时，总部设在本省的金融机构太少，不利于把资金沉积在本地区发挥"造血"功能。其次，河南省银行类金融机构网点数量也稍逊于浙江省和江苏省，差距虽小，但河南的商业银行尤其是股份制商业银行数量少、比重小，大型银行发挥的集聚作用较小。再次，河南省无论是人口还是区域面积都远超江苏省、浙江省，而金融机构数量少，这表明河南省金融机构密度低，人均金融资源匮乏。最后，金融发展不均衡问题在河南省尤为突出。因此，找差距、补短板，迎难而上，培育金融业复合型人才，是河南金融业健康发展面临的迫切任务。

表 3 – 3 2018 年河南省金融机构与浙江省、江苏省对比分析

金融机构地区	河南省	浙江省	江苏省
总部设在本身的证券公司	1	5	6
总部设在本省的基金公司	0	2	0
总部设在本身的期货公司	2	11	10
银行类金融机构营业网点	12168	12299	12759
其中：国有商业银行	3245	3954	4839
股份制银行	272	788	1074

资料来源：河南省、浙江省和江苏省统计局官网。

第四，金融和经济未能相互促进。从表 3 – 4 中数据可见，河南省金融业增速在全国领先，金融业占 GDP 和第三产业的比重也连年增加，说明河南省金融业发展规模不断扩大。但同时，河南省金融业占 GDP 和第三产业比重与全国金融业占 GDP 和第三产业的比重相比较，远低于后者，从近几年发展趋势看，短期内很难缩小差距。这说明河南省金融业对经济的贡献度不高，金融与其他产业结合力度弱。金融业属于河南省弱势产业，而河南省是经济大省，2018 年 GDP 位居全国第 5 位，强大的经济并未带动金融业快速发展。因此，促进河南金融业与河南经济的协同发展，增强金融服务实体经济的能力，是未来河南金融业发展的重要方向。

表 3 – 4 2011～2018 年河南省金融指标分析

年份	2011	2012	2013	2014	2015	2016	2017	2018
河南省金融业增加值（亿元）	868.20	1013.60	1280.92	1509.20	1850	2253.67	2786.32	3218.20
河南省金融业增速（%）	24.44	16.75	26.37	17.82	22.58	21.82	23.63	15.50
河南省金融业占 GDP 比重（%）	3.22	3.42	3.98	4.32	4.86	5.6	7.1	5.66
河南省金融业占第三产业比重（%）	10.86	11.07	11.16	11.64	12.09	13.37	15.01	13.18
全国金融业增加值（亿元）	30678.2	35187.7	41190.5	46665.2	57500	62132	65749	69100
全国金融业增速（%）	19.46	14.7	17.06	13.29	15.9	8.06	5.82	4.40
全国金融业占 GDP 比重（%）	6.34	6.59	7.0	7.34	8.39	8.4	7.9	7.70
全国金融业占第三产业比重（%）	14.3	14.48	14.93	15.26	16.6	15.61	16.52	14.75

资料来源：《河南省统计年鉴》。

二、金融业对河南省四条丝绸之路的支持

近年来，河南积极构建全面开放新格局，打造对外开放新高地，主动融入"一带一路"建设，切实加强交通枢纽和物流通道建设，着力打造四条丝绸之路，促进对外贸易新发展。今日的河南，出彩的中原。正以更大的气魄参与世界经济大循环，空中、陆上、网上和海上丝绸之路"四路并进"，不断增强中原腹地对"一带一路"的支撑作用，帮助更多中国企业"走出去"，同时也让中国消费者在家门口实现"买全球、卖全球"。目前在河南投资的世界500强企业127家，国内500强企业158家。2018年全省进出口总值5512.71亿元，位居全国前十一位、中西部第一位。自2016年4月1号挂牌以来，河南自贸试验区新入驻企业4.44万家，外资企业242家，实际利用外资7.85亿美元，自贸试验区正成为投资热点。

其中，作为不靠海、不沿边、不临江的内陆省份，河南空中丝绸之路越飞越广，陆上丝绸之路越跑越快，网上丝绸之路越来越便捷，积极对接铁海联运的海上丝绸之路，空中、陆上、网上和海上丝绸之路"四路并进"，正释放出"乘数效应"，形成河南发展国际物流供应链多式联运和国际物流中心的新优势，为郑州打造国际商都提供了新机遇。

（一）陆上丝绸之路

河南银行业加大金融创新力度，根据河南省重点项目的实际情况，定制融资工具。2013年7月18日开通直达德国汉堡的中（郑）欧班列。2015年，郑州银行强化与郑州国际陆港开发建设有限公司合作，为使用郑欧班列运输货物的企业提供存货质押融资支持，合作金额已达2亿元，有效满足了国际货物运输中的融资需求；浦发银行郑州分行投放1.5亿元流动资金贷款，用于支持郑欧班列多式联运集输中心项目建设，以解决货物集散问题。2017年8月21日开通直达慕尼黑的中欧班列（郑州），向西与丝绸之路经济带融合，实现每周"去程八班、回

程八班"满载往返运行,覆盖欧盟、俄罗斯及中亚地区 24 个国家 121 个城市,综合指标在中欧班列中均名列前茅。

2018 年 4 月,为了助力"一带一路"建设,郑州银行联合"一带一路"沿线重要节点城市的金融机构以及跨境物流、跨境电商企业,与商贸、物流、银行行业企事业单位、行业组织、信用评级机构和专家共同发起了全国性、非营利性组织——"商贸物流银行联盟"。这一联盟有效促进了"四路建设"中商流、物流、信息流、资金流的高效流动,对省内企业走出去、国外商品和高新技术走进来提供了基本保障。

(二)空中丝绸之路

2017 年 8 月 23 日,中原丝路基金(有限合伙)成立暨项目签约仪式举行,河南民航发展投资有限公司(简称"河南航投")与河南省现代服务业产业投资基金(简称"现代服务业基金")、中航信托股份有限公司(简称"中航信托")联合发起设立中原丝路基金(有限合伙),促进河南积极参与国家"一带一路"建设、加快郑州—卢森堡"空中丝绸之路"建设,提升河南对外开放新格局,打造河南对外开放新高地。

中原丝路基金按照"政府引导、市场运作、分类管理、风险分层"的原则设立,母基金总规模 200 亿元,首期 100 亿元,期限 15 年,由河南航投、中航信托、现代服务业基金各认缴 10 亿元,基金管理人认缴 1 亿元,其余份额由金融机构认缴。

中原丝路基金将主要聚焦国家"一带一路"战略涵盖的"设施联通""贸易畅通""资金融通"和"民心相通"四个方向,多元化投资于机场建设、临空产业园、物流园区、省内贸易产业链、贸易金融服务、文化旅游、生态旅游等具有良好发展前景的企业/项目,成立当天即达成本土合资货航、飞机融资租赁等多个项目合作意向,总额约 105 亿元。

母基金主要投资于按照上述投资方向设立的子基金,优质项目也可进行直投;投资方式包括 FOF、股权投资、股债结合等。基金退出方式包括通过股权转让、股权回购、资产证券化、装入上市公司等方式,逐步实现资金撤回和退出。

河南民航发展投资有限公司是经河南省委、省政府批准,于 2011 年 8 月 29

日注册成立的省管国有企业，注册资本金 60 亿元，重点发展航空运输、航空物流、通用航空、金融、航空制造、航空置业、文化旅游七大产业板块。

中航信托股份有限公司由中国航空工业集团公司、（新加坡）华侨银行有限公司等单位共同发起组建，是国内唯一集央企控股、上市背景、中外合资、军工概念于一身的信托公司，注册地为江西南昌，注册资本为 40.22 亿元。2016 年末，中航信托净资产逾 60 亿元，管理信托资产规模逾 4700 亿元。

河南省现代服务业产业投资基金是经河南省政府批准设立的公司制基金，成立于 2016 年，由中原豫资投资控股集团有限公司、河南省农业综合开发公司和中原资产管理有限公司共同发起设立，注册资本 150 亿元，主要投资于现代物流、现代金融、河南省政府确定扶持的重大产业项目以及其他符合产业政策导向和具有良好收益预期的项目。

目前，河南省正通过大力发展枢纽经济，推进河南自贸区建设和中原城市群建设，积极融入国家"一带一路"倡议。中原丝路基金的设立，有助于充分发挥河南航投外向型省属企业优势，为我省企业"走出去"、基础设施互联互通、国际产能合作、国际收购重组等提供强有力的资金支持，促进河南积极参与"一带一路"建设，助推郑州—卢森堡"空中丝绸之路"建设。

河南省"一带一路"相关项目及"走出去"企业投资需求巨大。2017 年，计划开工建设的"一带一路"项目共计 67 个，单个项目投资额度从 1800 万元到 176 亿元不等，投资领域涵盖公路、电力、冶炼、采矿、农林渔牧、市政、产业园区等。设立中原丝路基金，可以通过政府引导资金、大型国有企业信用支撑等吸引撬动大量社会资本，形成强有力的资金流，为项目提供股权、债权、长/短期等个性化的融资支持。

（三）网上丝绸之路

"一带一路"是我国实施全方位对外开放战略的突破口，跨境电子商务集成了跨境贸易信息流、物流，搭建了网上丝绸之路。除此之外，河南省是粮食大省，粮油生意虽然看起来不起眼，但是拥有大市场。中小企业要想变得更加强大、更具活力，必须推动中小企业融入全球价值链条，并在国际物流供应链中承担某一必不可少的环节，实现更多增值功能。所以说河南省的粮油企业也是金融业应该重点关注的投资企业。

(四) 海上丝绸之路

作为不靠海、不沿边、不临江的内陆省份,河南发展海运具有一定的先天缺陷,但是河南省委省政府充分调动一切有利条件,打造完善的海、陆、空、网四位一体的对外贸易的网络运输交通体系。在向西与丝绸之路经济带深度融合的同时,向东与 21 世纪海上丝绸之路连接,开通了郑州至连云港、青岛、天津、上海、宁波等港口的海铁联运班列。郑州铁路局联合海关、青岛港、连云港等在郑州集装箱中心站设立了"铁海联运服务中心",通过铁路货场与沿海港口的信息、业务、操作等无缝对接,将码头功能成功延伸到铁路场站,实现了沿海港口业务前移,打造出铁路"无水港"。在打造海上丝绸之路建设过程中,既需要铁海联运信息平台等软件的构建和研发,又需要港口、周转中心等基础设施的投入和建设,这些领域都是河南金融业重点关注的方向。

三、河南省四条丝绸之路发展的影响因素

进行四条丝绸之路发展的影响因素的实证分析是科学把握四条丝绸之路对城市经济发展的先决条件。根据已有理论文献,拟定选取影响河南省陆上丝绸之路、空中丝绸之路、网上丝绸之路及海上丝绸之路的关键因素指标有:地区生产总值、第一产业增加值、第二产业增加值、第三产业增加值、社会商品零售总额、货物进出口总额、河南省物流总量、"四路"各自吞吐量、货物周转量、全社会固定资产投资、城镇居民人均可支配收入、农村居民人均可支配收入、固定资产投资回报率、全市从业人员数量等。其中图 3 - 1 至图 3 - 16 中数据根据《河南省统计年鉴》整理得到。分述如下:

(一) 地区生产总值

地区生产总值已经成为衡量一个区域经济发展的重要指标。自改革开放以

来,河南省经济稳步发展,地区生产总值稳步增长,连续几年河南省 GDP 位居全国第 5 名,河南已经成为全国经济大省。由图 3 - 1 可知 2009~2018 年,河南 GDP 已实现十年的连续稳步增长,未来发展前景可期。现有研究数据表明,区域经济发展水平的高低直接影响对外贸易发展速度的快慢。在"一带一路"倡议下,打造对外开放新高地,由经济大省向经济强省转变,实现河南经济高质量发展,是河南面临的重大机遇与挑战。

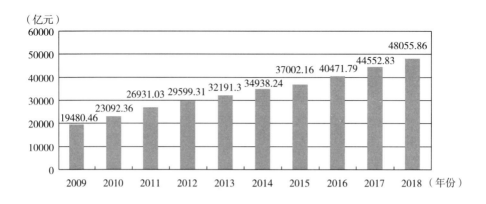

图 3 - 1   河南省地区生产总值

(二) 城镇/农村居民人均可支配收入

四条丝绸之路的发展离不开现代物流业与现代金融业的发展,而现代物流业的发展离不开城乡居民人均收入水平的提高。人均收入水平一旦提高,最显著的变化是居民消费支出能力上升和消费水平升级,以体验、旅游、住宿等消费为主的多元化需求成为可能,带动第一产业、第二产业以及现代服务业等转型升级,促进经济健康发展。因此,提高城镇(农村)居民人均可支配收入是促进经济结构转型,进行供给侧结构改革,发展现代数字经济的重要措施。由图 3 - 2 至图 3 - 6 可知,河南城镇、农村居民人均可支配收入都在稳步增加,而我国城镇、农村居民旅游花费总额也在逐年增加,说明我国国内需求量巨大,现代服务业未来发展空间也大,这正是拉动经济发展的基本动力。这都为"四路建设"以及河南省金融业发展提供了巨大的内需保障。

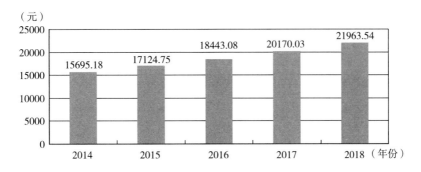

图3-2 河南城镇居民人均可支配收入

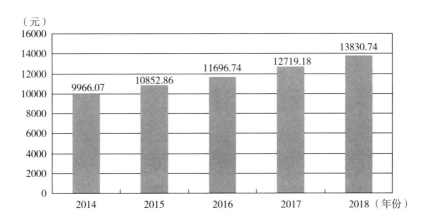

图3-3 河南农村居民人均可支配收入

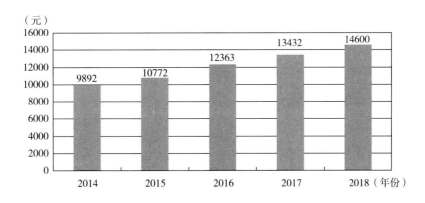

图3-4 河南农村居民人均纯收入

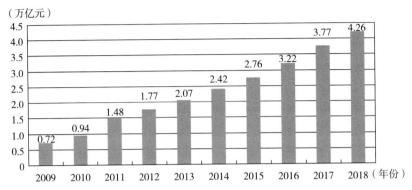

图 3 – 5　2009 ~ 2018 年中国城镇居民旅游花费总额统计

图 3 – 6　2009 ~ 2018 年中国农村居民旅游花费总额统计

（三）现代综合交通运输体系发展的推动

20 世纪 90 年代末，美国著名教授卡萨达就已提出"第五波理论"，该理论认为空运是继海运、水运、铁路和公路之后对区域经济发展的第五次冲击波。随着经济全球化加快与经济一体化发展水平的提高，航空运输已经成为实现跨境物流功能的重要工具。以郑州航空港为代表的临空经济区已经成为河南经济发展的重要推动力。《我国国民经济和社会发展第十三个五年规划纲要》明确提出"坚持网络化布局、智能化管理、一体化服务、绿色化发展"理念。在经济快速健康高质量发展进程中，河南构建了空中、陆上、网上以及海上丝绸之路"四位一体"的发展格局，形成了"连通境内外、辐射东中西"的现代综合交通运输体系。

（四）其他指标

通过对现有文献梳理归纳，结合河南省四条丝绸之路发展的实际情况和可观测性原则进行指标的筛选，从物流需求、基础设施、贸易流通、吐纳能力、资源条件五个方面，筛选出以下影响河南省四条丝绸之路发展的因素。具体指标数据如图 3 - 7 至图 3 - 16 所示。近五年河南省第一产业增加值保持平稳，达到一定饱和，要实现突破，必须促进农业产业结构升级，开拓国外市场；第二产业增加值虽然保持增长，但增速较慢，说明河南进行的供给侧结构性改革具有一定成效，而第三产业增加值却是一大亮点，连续十年保持高速增长，说明河南经济未来发展在很大程度上取决于高端制造业和现代服务业的发展状况。河南省社会消费品零售总额稳定增长，消费能力逐步增强，这与河南经济大省的地位也是吻合的，增长空间有待进一步挖掘。河南省货物进出口总额稳步增加，但河南进口与出口极端不平衡，进口量大于出口量，农产品深加工、高端制造等产业结构有待升级优化。河南省物流总量和货物周转量 2013 年之后出现下降的重要原因在于河南进行了经济结构供给侧调整，传统的工业产品如水泥、钢铁、煤炭等产量下滑，导致物流总量与物流周转量明显下降，但经济结构和经济发展质量得到了明显提升。河南省旅客吞吐量连续十年保持高速增长，进一步凸显了河南交通核心枢纽的区位优势，将带动河南现代服务业的高度发展。河南省全社会固定资产投资也保持了十多年的高速增长，平均增速高于全国平均水平，说明河南经济发展韧劲足、空间大。河南省从业人员数量在 2018 年达到了 6906 万人，人力资源充足，人口红利明显，这是河南未来经济发展的重大优势，也是进行“四路建设”的重要人力保障。

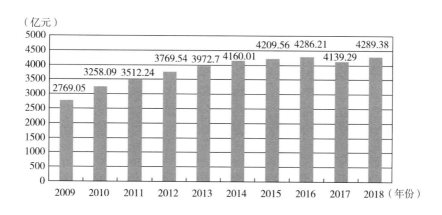

图 3 - 7　2009～2018 年河南省第一产业增加值

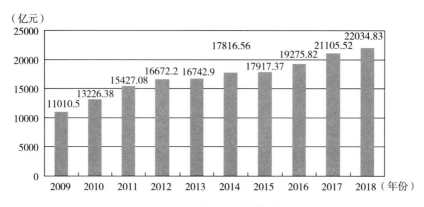

图 3-8 2009~2018 年河南省第二产业增加值

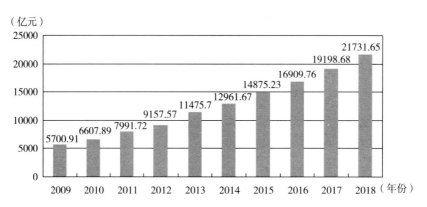

图 3-9 2009~2018 年河南省第三产业增加值

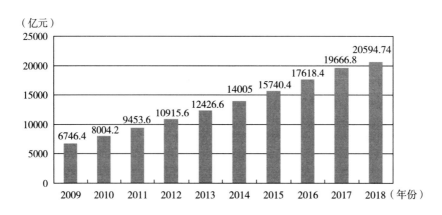

图 3-10 2009~2018 年河南省社会消费品零售总额

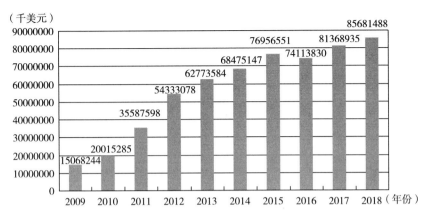

图 3-11 2009~2018 年河南省货物进出口总额

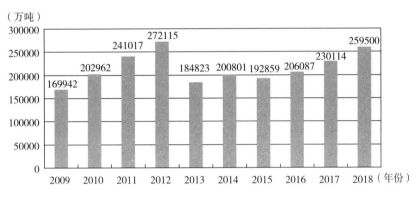

图 3-12 2009~2018 年河南省物流总量

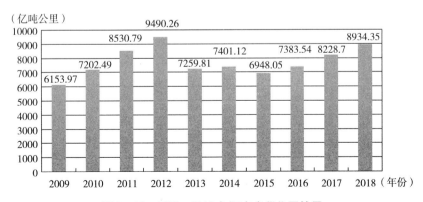

图 3-13 2009~2018 年河南省货物周转量

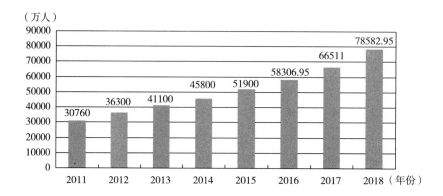

图 3-14　2011~2018 年河南省旅客吞吐量

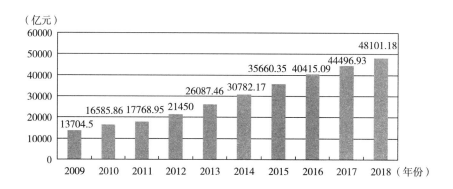

图 3-15　2009~2018 年河南省全社会固定资产投资

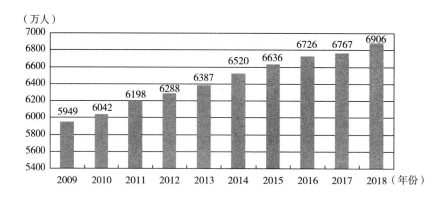

图 3-16　2009~2018 年河南省从业人员数量

四、四条丝绸之路与河南省金融业协同发展评价

（一）四条丝绸之路与河南省金融业协同发展评价指标体系构建原则

本章紧紧围绕现代服务业发展质量和效益，结合"十三五"规划要求，在供给侧结构性改革、创新驱动发展战略、打造对外开放新高地等层面上突出河南省发展需求特点，力求综合评价指标体系能够科学、系统、全面地反映和体现河南省四条丝绸之路经济质量效益发展进程。协同发展评价指标体系构建有4项基本原则：①科学性：从河南省打造四条丝绸之路发展实际需求出发，具备充分理论依据，以"四路建设"基本内涵、理论和实践研究为基础，体现四条丝绸之路的普遍规律与特征。②系统性：四条丝绸之路发展水平是相关评价指标要素系统发展的集成结果，要求指标体系设计具有广泛的覆盖面，能体现出河南经济高质量增长这一最基本的特征，评价指标体系内部各指标之间相互衔接、边界清楚，指标体系层次划分清晰、合理。③可操作性：要求每个评价指标具有可采集性，数据容易获取，对于无法采集的指标需充分考察其是否可用类似指标代替。指标内容无歧义，以便在实践中能准确、便捷地应用。④导向性：评价指标的选取要具有积极的引导作用，以便河南省在推动四条丝绸之路发展过程中能够突出重点，分清主次，促使四路建设与河南金融业协同、全面、均衡、可持续发展。

（二）四条丝绸之路与河南省金融业协同发展评价指标体系构建

根据上述评价指标构建的基本原则，表3-5至表3-8给出了网上丝绸之路、陆上丝绸之路、空中丝绸之路、海上丝绸之路分别与河南省金融业协同评价指标。其中，网上丝绸之路选择进出口贸易总额、跨境电商交易总额、跨境电商交易年增长率、跨境电商占进出口贸易比率、网民网购增长率、居民消费水平、跨境电商进口交易规模、跨境电商出口交易规模八个指标。陆上丝绸之路选择运

输行业固定投资总额、铁路运营里程、公路运营里程、铁路货运周转量、公里货运周转量、跨境物流规模占物流市场规模百分比六个指标。空中丝绸之路则选择货运吞吐量（河南所有机场统计）、旅客吞吐量、货运吞吐量增长率和跨境物流规模占物流市场规模百分比四个指标。最后，海上丝绸之路选择进出口贸易总额、合作港口数量、相关港口吞吐量、河南水运周转运输量、水路运输占整体运输量百分比、跨境物流规模占物流市场规模百分比六个指标。以上评价指标的选择主要基于各条丝绸之路的特点以及测量的侧重点来选取，选择的主要标准偏向于宏观指标，便于数据的统计和分析。而河南省金融业评价主要选取河南省金融业增加值、金融业从业人数、金融业增加值增长速度、金融业增加值占现代服务业增加值比重、金融业增加值占 GDP 比重、金融业劳动生产率、金融业区位熵七个指标，以常用的金融评价指标为主。在评价指标选取过程中，四条丝绸之路的评价指标具有一定的差异性，而河南省金融业评价指标保持不变，主要为了突出"四路建设"各自的特点，以便采取有针对性的策略促进其健康发展，更好的服务实体经济。

表 3-5　网上丝绸之路与河南省金融业协同发展评价指标

评价系统	协同评价指标	变量
网上丝绸之路	进出口贸易总额（万亿元）	X_1
	跨境电商交易总额（万亿元）	X_2
	跨境电商交易年增长率（%）	X_3
	跨境电商占进出口贸易比率（%）	X_4
	网购网民增长率（%）	X_5
	居民消费水平（万元）	X_6
	跨境电商进口交易规模（万亿）	X_7
	跨境电商出口交易规模（万亿）	X_8
河南省金融业	金融业增加值（万亿元）	Y_1
	金融业从业人数（万人）	Y_2
	金融业增加值增长速度（%）	Y_3
	金融业增加值占现代服务业增加值比重（%）	Y_4
	金融业增加值占 GDP 比重（%）	Y_5
	金融业劳动生产率（万元/人）	Y_6
	金融业区位熵	Y_7

表3-6 陆上丝绸之路与河南省金融业协同发展评价指标

评价系统	协同评价指标	变量
陆上丝绸之路	运输行业固定投资总额（亿元）	X_1
	铁路运营里程（万千米）	X_2
	公路运营里程（万千米）	X_3
	铁路货运周转量（亿吨公里）	X_4
	公路货运周转量（亿吨公里）	X_5
	跨境物流规模占物流市场规模百分比（%）	X_6
河南省金融业	金融业增加值（万亿元）	Y_1
	金融业从业人数（万人）	Y_2
	金融业增加值增长速度（%）	Y_3
	金融业增加值占现代服务业增加值比重（%）	Y_4
	金融业增加值占GDP比重（%）	Y_5
	金融业劳动生产率（万元/人）	Y_6
	金融业区位熵	Y_7

表3-7 空中丝绸之路与河南省金融业协同发展评价指标

评价系统	协同评价指标	变量
空中丝绸之路	货邮吞吐量（万吨）（河南所有机场统计）	X_1
	旅客吞吐量（万人次）	X_2
	货邮吞吐量增长率（%）	X_3
	跨境物流规模占物流市场规模百分比（%）	X_4
河南省金融业	金融业增加值（万亿元）	Y_1
	金融业从业人数（万人）	Y_2
	金融业增加值增长速度（%）	Y_3
	金融业增加值占现代服务业增加值比重（%）	Y_4
	金融业增加值占GDP比重（%）	Y_5
	金融业劳动生产率（万元/人）	Y_6
	金融业区位熵	Y_7

通过查阅河南省统计局网站、《中国物流年鉴》、《中国统计年鉴》、中国商务部网站、中国电子商务研究中心网站等相关信息，得到表3-9至表3-12中相关四条丝绸之路与河南省金融业协同评价指标数据。

表3-8　海上丝绸之路与河南省金融业协同发展评价指标

评价系统	协同评价指标	变量
海上丝绸之路	进出口贸易总额（万亿元）	X_1
	合作港口数量（个）	X_2
	相关港口吞吐量（亿吨）	X_3
	河南水路周转运输量（万吨公里）	X_4
	水路运输占整体运输量百分比（%）	X_5
	跨境物流规模占物流市场规模百分比（%）	X_6
河南省金融业	金融业增加值（万亿元）	Y_1
	金融业从业人数（万人）	Y_2
	金融业增加值增长速度（%）	Y_3
	金融业增加值占现代服务业增加值比重（%）	Y_4
	金融业增加值占GDP比重（%）	Y_5
	金融业劳动生产率（万元/人）	Y_6
	金融业区位熵	Y_7

表3-9　网上丝绸之路与河南省金融业协同发展评价指标数据

变量＼年份	2012	2013	2014	2015	2016	2017	2018
X_1	0.348	0.403	0.437	0.496	0.479	0.522	0.551
X_2	0.018	0.022	0.026	0.034	0.077	0.102	0.127
X_3	22.9	29.2	28.9	28.6	127	33.3	24.8
X_4	5.2	5.5	5.9	6.9	16.1	19.6	23.1
X_5	24.8	24.7	20.6	24.5	25.5	10.2	14.4
X_6	1.038	1.178	1.308	1.451	1.604	1.784	1.977
X_7	0.007	0.008	0.01	0.012	0.029	0.026	0.036
X_8	0.011	0.014	0.016	0.022	0.048	0.076	0.091
Y_1	0.101	0.129	0.151	0.191	0.226	0.251	0.300
Y_2	23.32	24.13	23.98	24.35	30.00	29.65	31.96
Y_3	16.75	16.59	27.71	31.93	13.33	11.19	12.26
Y_4	11.07	11.48	11.64	13.39	13.35	13.00	13.18
Y_5	3.41	3.97	4.31	5.37	5.61	5.63	5.66
Y_6	43.31	53.46	62.96	78.43	75.33	84.65	93.86
Y_7	0.650	0.698	0.764	0.822	0.820	0.921	0.999

表3-10 陆上丝绸之路与河南省金融业协同发展评价指标数据

变量＼年份	2012	2013	2014	2015	2016	2017	2018
X_1	927.9	1201	1427	1937	1954	2498	3153
X_2	0.49	0.49	0.52	0.53	0.56	0.54	0.55
X_3	24.96	24.98	24.99	25.06	26.74	26.78	27.42
X_4	2143	2153	1963	1700	1736	1966	2014
X_5	6863	4488	4822	4542	4838	5341	5893
X_6	4.32	4.43	4.65	4.92	4.67	4.70	4.59
Y_1	0.101	0.129	0.151	0.191	0.226	0.251	0.300
Y_2	23.32	24.13	23.98	24.35	30.00	29.65	31.96
Y_3	16.75	16.59	27.71	31.93	13.33	11.19	12.26
Y_4	11.07	11.48	11.64	13.39	13.35	13.00	13.18
Y_5	3.41	3.97	4.31	5.37	5.61	5.63	5.66
Y_6	43.31	53.46	62.96	78.43	75.33	84.65	93.86
Y_7	0.650	0.698	0.764	0.822	0.820	0.921	0.999

表3-11 空中丝绸之路与河南省金融业协同发展评价指标数据

变量＼年份	2012	2013	2014	2015	2016	2017	2018
X_1	15.31	25.79	37.29	45.89	40.57	50.84	51.73
X_2	12.68	13.73	16.80	18.58	22.29	25.96	29.65
X_3	46.28	68.53	44.60	23.05	-11.6	25.31	1.75
X_4	4.32	4.43	4.65	4.92	4.67	4.70	4.59
Y_1	0.101	0.129	0.151	0.191	0.226	0.251	0.300
Y_2	23.32	24.13	23.98	24.35	30.00	29.65	31.96
Y_3	16.75	16.59	27.71	31.93	13.33	11.19	12.26
Y_4	11.07	11.48	11.64	13.39	13.35	13.00	13.18
Y_5	3.41	3.97	4.31	5.37	5.61	5.63	5.66
Y_6	43.31	53.46	62.96	78.43	75.33	84.65	93.86
Y_7	0.650	0.698	0.764	0.822	0.820	0.921	0.999

表 3 - 12　海上丝绸之路与河南省金融业协同发展评价指标数据

变量 ＼ 年份	2012	2013	2014	2015	2016	2017	2018
X_1	3260	3717	3994	4600	4714	5232	5148
X_2	0	0	0	0	0	14	15
X_3	13.18	16.12	10.23	11.99	10.84	11.62	12.22
X_4	4.839	5.572	6.156	7.053	8.086	9.205	10.04
X_5	5.12	5.38	8.36	9.30	11.02	11.27	11.14
X_6	4.32	4.43	4.65	4.92	4.67	4.70	4.59
Y_1	0.101	0.129	0.151	0.191	0.226	0.251	0.300
Y_2	23.32	24.13	23.98	24.35	30.00	29.65	31.96
Y_3	16.75	16.59	27.71	31.93	13.33	11.19	12.26
Y_4	11.07	11.48	11.64	13.39	13.35	13.00	13.18
Y_5	3.41	3.97	4.31	5.37	5.61	5.63	5.66
Y_6	43.31	53.46	62.96	78.43	75.33	84.65	93.86
Y_7	0.650	0.698	0.764	0.822	0.820	0.921	0.999

根据灰色关联度理论, 对四条丝绸之路与河南省金融业之间的相关协同发展评价指标进行关联度分析, 探讨四路建设与金融业发展之间的协同发展关系。下面详细给出灰色预测理论的理论基础和灰色关联度分析的实施过程 (陈浩东和端木令风, 2018; 李玲玲等, 2014)。

设 $x^{(0)}$ 为 n 个元素的数列 $x^{(0)} = (x^{(0)}(1), x^{(0)}(2), \cdots, x^{(0)}(n))$, $x^{(0)}$ 的 AGO 生成数列为 $x^{(1)} = (x^{(1)}(1), x^{(1)}(2), \cdots, x^{(1)}(n))$, 其中 $x^{(1)}(k) = \sum_{i=1}^{k} x^{(0)}(i) \ (k = 1, 2, \cdots, n)$ 则定义 $x^{(1)}$ 的灰导数为:

$$d(k) = x^{(0)}(k) = x^{(1)}(k) - x^{(1)}(k-1) \qquad (3-1)$$

令 $z^{(1)}$ 为数列 $x^{(1)}$ 的均值数列, 即:

$$z^{(1)}(k) = 0.5x^{(1)}(k) + 0.5x^{(1)}(k-1) \ (k = 2, 3, \cdots, n) \qquad (3-2)$$

则:

$$z^{(1)} = (z^{(1)}(2), z^{(1)}(3), \cdots, z^{(1)}(n)) \qquad (3-3)$$

于是定义 GM（1，1）的灰微分方程模型为：

$$d(k) + az^{(1)}(k) = b \qquad (3-4)$$

即：

$$x^0(k) + az^{(1)}(k) = b \qquad (3-5)$$

其中，$x^0(k)$ 称为灰导数，a 称为发展系数，$z^{(1)}(k)$ 称为白化背景值，b 称为灰作用量。

将时刻 $k = 2$，3，$\cdots$，n 代入式中有：

$$\begin{cases} x^0(2) + az^{(1)}(2) = b \\ x^0(3) + az^{(1)}(3) = b \\ \vdots \qquad \vdots \\ x^0(n) + az^{(1)}(n) = b \end{cases} \qquad (3-6)$$

令：$Y_N = (x^0(2), x^0(3), \cdots, x^0(n))^T$，$u = (a, b)^T$，$B = \begin{bmatrix} -z^{(1)}(2) & 1 \\ -z^{(1)}(3) & 1 \\ \vdots & \vdots \\ -z^{(1)}(n) & 1 \end{bmatrix}$

$$(3-7)$$

其中，Y_N 为数据向量，B 为数据矩阵，u 为参数向量，则 GM（1，1）可以表示为矩阵方程 $Y_N = B \times u$，如果存在 $(B^T \times B)^{-1}$，由最小二乘法有：

$$\hat{u} = (\hat{a}, \hat{b})^T = (B^T \times B)^{-1} B^T Y_N \qquad (3-8)$$

$$\hat{a} = \frac{CD - (n-1)E}{(n-1)F - C^2} \qquad (3-9)$$

$$\hat{b} = \frac{DF - CE}{(n-1)F - C^2} \qquad (3-10)$$

其中，$C = \sum_{k=2}^{n} z^{(1)}(k)$，$D = \sum_{k=2}^{n} x^{(0)}(k)$，$E = \sum_{k=2}^{n} z^{(1)}(k)x^{(0)}(k)$，$F = \sum_{k=2}^{n} (z^{(1)}(k))^2$。

对于 GM（1，1）的灰微分方程，如果将 $x^0(k)$ 的时刻 $k = 2$，3，$\cdots$，n，n 视为连续的变量 t，则数列 $x^{(1)}$ 就可以视为时间 t 的函数，记为 $x^{(1)} = x^{(1)}(t)$，

并让灰导数 $x^{(0)}(k)$ 对应于导数 $\dfrac{dx^{(1)}}{dt}$，背景值 $z^{(1)}(k)$ 对应于 $x^{(1)}(t)$，于是得到 $GM(1,1)$ 的灰微分方程对应的白微分方程为：

$$\frac{dx^{(1)}}{dt}+ax^{(1)}(t)=b \qquad (3-11)$$

下面给出灰色理论关联度分析模型和计算过程。

假设时间序列：

$$x=(x(1),x(2),\cdots,x(n)) \qquad (3-12)$$

则称映射：

$$f:\ x\rightarrow y$$

$$f(x(k))=y(k),\ k=1,2,\cdots,n \qquad (3-13)$$

为时间序列 x 到时间序列 y 的数据变换。

当 $f(x(k))=\dfrac{x(k)}{x(1)}=y(k),\ x(1)\neq 0 \qquad (3-14)$

称 f 是初值化变换。

当 $f(x(k))=\dfrac{x(k)}{\bar{x}}=y(k),\bar{x}=\dfrac{1}{n}\sum\limits_{k=1}^{n}x(k) \qquad (3-15)$

称 f 是均值化变换。

当 $f(x(k))=\dfrac{x(k)}{\max\limits_{k}x(k)}=y(k) \qquad (3-16)$

称 f 是百分比变换。

当 $f(x(k))=\dfrac{x(k)}{\min\limits_{k}x(k)}=y(k),\ \min\limits_{k}x(k)\neq 0 \qquad (3-17)$

称 f 是倍数变换。

当 $f(x(k))=\dfrac{x(k)}{x_0}=y(k) \qquad (3-18)$

其中，x_0 为大于零的某个值，称 f 是归一化变换。

当 $f(x(k))=\dfrac{x(k)-\min\limits_{k}x(k)}{\max\limits_{k}x(k)}=y(k) \qquad (3-19)$

称 f 是区间值化变换。

在多因子情况下的系统行为中，选取参考数列：

$$x_0 = \{x_0(k)/k = 1, 2, \cdots, n\}$$

$$= (x_0(1), x_0(2), \cdots, x_0(n)) \tag{3-20}$$

其中 k 表示时刻。假设有 m 个比较数列：

$$x_i = \{x_i(k)/k = 1, 2, \cdots, n\} = (x_i(1), x_i(2), \cdots, x_i(n)), \quad i = 1, 2, \cdots, m \tag{3-21}$$

则称：

$$\xi_i(k) = \frac{\min\limits_{s}\min\limits_{t}|x_0(t) - x_s(t)| + \rho \max\limits_{s}\max\limits_{t}|x_0(t) - x_s(t)|}{|x_0(k) - x_i(k)| + \rho \max\limits_{s}\max\limits_{t}|x_0(t) - x_s(t)|} \tag{3-22}$$

为比较数列 x_i 对参考数列 x_0 在 k 时刻的关联系数，其中 $\rho \in [0, 1]$ 为分辨系数。称式（3-22）中 $\min\limits_{s}\min\limits_{t}|x_0(t) - x_s(t)|$、$\max\limits_{s}\max\limits_{t}|x_0(t) - x_s(t)|$ 分别为两级最小差及两级最大差。

数列 x_i 对参考数列 x_0 的灰关联度为：

$$r_i = \frac{1}{n}\sum_{k=1}^{n}\xi_i(k) \tag{3-23}$$

其中，关联度是把各个时刻的关联系数集中为一个平均值，从而对各种问题进行因素分析。

从宏观投资、基础设施建设等角度，分析河南金融业发展对四路建设的支持与促进的协同作用。表 3-13 至表 3-16 给出了网上丝绸之路、陆上丝绸之路、空中丝绸之路、海上丝绸之路与河南省金融业协同发展评价指标的关联度。

表 3-13　网上丝绸之路与河南省金融业协同发展评价指标关联度

	X_1	X_2	X_3	X_4	X_5	X_6	X_7	X_8
Y_1	0.8645	0.7896	0.8201	0.7678	0.8031	0.8759	0.7888	0.7822
Y_2	0.9498	0.7045	0.8797	0.7352	0.9301	0.9228	0.6922	0.7059
Y_3	0.8814	0.7258	0.8337	0.6923	0.9246	0.8573	0.7018	0.7256
Y_4	0.9435	0.7040	0.8891	0.7422	0.9334	0.9182	0.6963	0.7085
Y_5	0.9733	0.7449	0.8823	0.7469	0.8748	0.9735	0.7478	0.7406
Y_6	0.9218	0.7707	0.8478	0.7337	0.8416	0.9421	0.7668	0.7636
Y_7	0.9764	0.7197	0.8933	0.7575	0.9096	0.9490	0.7143	0.7189

表 3 – 14　陆上丝绸之路与河南省金融业协同发展评价指标关联度

	X_1	X_2	X_3	X_4	X_5	X_6
Y_1	0.9460	0.8259	0.8198	0.8040	0.8271	0.7822
Y_2	0.7653	0.9746	0.9704	0.9414	0.9682	0.7059
Y_3	0.7784	0.9103	0.9109	0.9249	0.9146	0.7256
Y_4	0.7635	0.9852	0.9762	0.9467	0.9828	0.7085
Y_5	0.8286	0.9135	0.9056	0.8828	0.9133	0.7406
Y_6	0.8774	0.8726	0.8656	0.8461	0.8729	0.7636
Y_7	0.6904	0.9320	0.9414	0.9669	0.8541	0.6619

表 3 – 15　空中丝绸之路与河南省金融业协同发展评价指标关联度

	X_1	X_2	X_3	X_4
Y_1	0.7195	0.7903	0.6085	0.6052
Y_2	0.5492	0.7632	0.7335	0.8956
Y_3	0.5598	0.6918	0.7322	0.7640
Y_4	0.5465	0.7618	0.7352	0.9395
Y_5	0.5970	0.8686	0.6729	0.7525
Y_6	0.6367	0.9045	0.6394	0.6718
Y_7	0.5641	0.8089	0.7039	0.8562

表 3 – 16　海上丝绸之路与河南省金融业协同发展评价指标关联度

	X_1	X_2	X_3	X_4	X_5	X_6
Y_1	0.6271	0.7705	0.5983	0.6724	0.8074	0.6052
Y_2	0.7944	0.8070	0.8056	0.6920	0.6351	0.8956
Y_3	0.6313	0.7794	0.7857	0.5947	0.6909	0.7640
Y_4	0.7785	0.8042	0.8152	0.6914	0.6317	0.9395
Y_5	0.9049	0.7856	0.7050	0.8756	0.7269	0.7525
Y_6	0.7399	0.7774	0.6554	0.8639	0.8579	0.6718
Y_7	0.8847	0.8004	0.7594	0.7577	0.6687	0.8516

表 3 – 17　2012～2018 年四条丝绸之路与河南金融业协同发展评价整体关联度

年份	2012	2013	2014	2015	2016	2017	2018
网上丝绸之路	0.8115	0.8150	0.7903	0.8169	0.8355	0.8235	0.8298

续表

年份	2012	2013	2014	2015	2016	2017	2018
陆上丝绸之路	0.8341	0.8876	0.8607	0.8938	0.8640	0.8497	0.8411
空中丝绸之路	0.6808	0.7353	0.6869	0.7457	0.7227	0.7131	0.7332
海上丝绸之路	0.6801	0.7716	0.7076	0.7767	0.7917	0.7610	0.7870

五、四条丝绸之路与河南省金融业协同发展分析

根据灰色关联度模型分析,2012~2018年四条丝绸之路与河南省金融业协同发展评价指标关联度结果如表3-13至表3-16所示。表3-17给出了2012~2018年四条丝绸之路与河南金融业协同发展评价整体关联度。图3-17给出了四条丝绸之路与河南省金融业协同发展趋势图。根据表3-13至表3-16给出的四条丝绸之路与河南省金融业评价指标的关联度结果,以及表3-17和图3-17,可知河南打造"四路建设"与河南省发展金融业有很强的关联度,并且呈现正相关,说明两者之间有很好的协同发展作用。但是每条丝绸之路呈现不同的特点,下面具体展开相应分析。

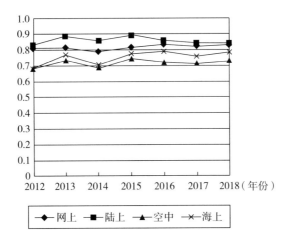

图3-17 2012~2018年四条丝绸之路与河南省金融业协同发展趋势

（一）网上丝绸之路与河南省金融业关联度分析

（1）由表3–13可知网上丝绸之路与河南省金融业评价指标关联度较高，其中指标 X_7（跨境电商进口交易规模）与指标 Y_2（金融业从业人数）的关联度值最小，也达到0.6922。说明近年来河南省跨境电商的快速发展与金融业的支持是分不开的，特别是跨境电子商务综合试验区建设为河南发展网上丝绸之路提供了巨大历史机遇。因此，河南网上丝绸之路的发展需要由单一模式向复合模式、由传统贸易模式向创新贸易模式进行转变，力争在跨境电商贸易规则的制定、"郑州模式"的标准化推广与国际化等领域实现突破发展，这更需要金融业加大支持力度，实现协同发展。

（2）改革开放以来，中国对外贸易呈现的整体特征是出口长期大于进口，呈现贸易顺差，这也是2018年美国对华突然发动贸易战的一个重要原因。可是，根据河南省统计局发布的相关数据，河南的跨境电商贸易却呈现相反的特征，进口商品远远大于出口商品，严重阻碍了河南网上丝绸之路的发展。

（3）造成河南进口商品多、出口商品少的原因主要有以下两点：一是河南是传统农业大省，工业基础相对薄弱，农产品深加工能力欠缺，达不到国外相关国家食品标准；二是河南冷链物流发展滞后，造成大量农产品聚拢能力弱，缺少大型对外贸易的农产品物流园区。

（二）陆上丝绸之路与河南省金融业关联度分析

（1）由表3–14可知陆上丝绸之路与河南省金融业评价指标关联度也较高，其中指标 X_6（跨境物流规模占物流市场规模百分比）与指标 Y_7（金融业区位熵）的关联度值最小，达到0.6619。这个结果也符合实际情况。虽然近年来河南省大力发展陆上丝绸之路，特别是中欧班列（郑欧班列）发展速度很快，但是河南省基础设施建设薄弱，加之河南金融业发展水平滞后于全国（通过 Y_7 的数值即可看出），所以河南发展陆上丝绸之路还有很大的进步空间，在这方面需要金融业的大力配送与支持，也符合省委省政府提出的"金融豫军"的发展战略。

（2）根据河南省统计局相关数据分析可知，通过陆上丝绸之路出口的货物主要以过境货物为主，在河南没有过多停留，给河南发展带来的经济价值以及附加值很低。因此，大量建设与之配套的跨境物流园区，吸引过境货物停留，在产业供应链上实现货物的增值性功能，增强郑欧班列的辐射范围，形成货物集聚效应，打造郑州国际物流中心就显得至关重要。

（3）根据图 3－17 可知，虽然陆上丝绸之路与河南金融业发展有很大的关联度，可是最近四年一直呈现下降的趋势，主要原因在于国内很多省份都在推进陆上丝绸之路建设，如湖北、四川、重庆、陕西等，同质化竞争严重，河南的区位优势逐渐丧失。因此，河南的陆上丝绸之路必须和其他三条丝绸之路进行协同发展，发展公铁海多式联运，降低运营成本，这是未来必然的发展趋势。

（三）空中丝绸之路与河南省金融业关联度分析

（1）由表 3－15 可知，相对于网上、陆上丝绸之路而言，空中丝绸之路与河南省金融业评价指标关联度稍微略低，其中 X_1（货邮吞吐量）与 Y_2（金融业从业人数）的关联度只有 0.5492。河南航空物流事业起步较晚，尽管最近几年，郑州航空港综合经济试验区取得了巨大成绩，可是郑州航空港在河南一家独大，河南其他区域几乎没有发展，导致了河南空中丝绸之路发展的不均衡性。可是这也为河南金融业支持空中丝绸之路提供了机遇，两者的协同发展将大有可为。

（2）根据图 3－17 可知，在四条丝绸之路与河南省金融业的关联度结果中，空中丝绸之路整体较低。虽然 2018 年郑州航空港货运吞吐量突破 50 万吨，取得了巨大成绩，可是成绩的背后依然存在很大的缺陷和问题，一是货运商品单一，以电子产品、食品、药品为主，而且大多是过港货源。二是航空港背后没有强大的制造业做支撑也很难取得突破，富士康一家独大，航空港发展对其依赖性很强，存在较大风险，说明空中丝绸之路的单一性发展路径有待改善。

（四）海上丝绸之路与河南省金融业关联度分析

（1）由表 3－16 可知，海上丝绸之路与河南省金融业评价指标关联度普遍较低。众所周知，河南是内陆省份，不延边、不靠海，没有发展水路运输的天然条件。相对于其他三条丝绸之路来说，海上丝绸之路发展相对滞后，可是陆上丝绸之路的发展以及国家快速推进的多式联运给河南发展海上丝绸之路提供了巨大机会,河南已与国内多家港口签订合作关系,发展公海、铁海多式联运,充分发挥河南交通枢纽核心优势。多式联运相关的大量基础设施建设为河南金融业的发展提供了机会。

(2)根据关联度结果分析,虽然河南发展海上丝绸之路的时间起步较晚,可是海上丝绸之路与河南金融业的整体关联度却不是最低的,主要原因在于海上丝绸之路具有巨大的优势,运输量巨大,运输成本最低,通达性也较高,这是其他三条丝绸之路不能相比的。因此,发展铁海、公海、公铁海等多种形式的多式联运,发展多种形式混合的丝绸之路模式是未来主要方向。

(3)根据关联度结果总体分析,四条丝绸之路与金融业的关联度各有特点,而且四条丝绸之路服务进出口商品的特点也不尽相同。加大陆上丝绸之路对跨境电商的发展、强调跨境电商与空中丝绸之路的协调发展等等,都是未来"四路建设"融合协同发展的途径,也是未来河南金融业应该关注、支持和投资的领域。

第四章 河南省"四条丝绸之路"的机遇与挑战

一、河南省"四路建设"发展面临的机遇

(一) 国家"一带一路"倡议带来的机遇

1. 丝绸之路经济带发挥河南省的地理优势

新丝绸之路实际上是沟通中国和中亚地区、中东地区、东欧、西欧的一个贸易通道和交通网络,不再是千年前大漠孤烟、驼铃声声的漫漫古道。而河南正处于新亚欧大陆桥的咽喉位置,是中国在新亚欧大陆桥上最主要的省份,在丝绸之路经济带上具有重要意义。中亚地区的先天不足是缺少一个出海口。丝绸之路——陆桥经济带的构建,有利于强化和发挥中原经济区全国区域协调发展的支点作用,进一步提升其交通和物流枢纽的地位。

中原经济区在全国"两横三纵"城市化战略格局中位于陆桥通道和京广通道的交会区域,中原城市群是国家的重点开发区和国家重点建设的城市群。《国务院关于支持河南省加快建设中原经济区的指导意见》和《中原经济区规划》均强调,中原经济区在全国具有不可取代的"承东启西、连南贯北"的交通区位优势,并将"全国区域协调发展的战略支点和重要的现代综合交通枢纽"作为其五大功能定位之一。这意味着,如果说连云港——徐州所组成的东陇海经济带或更大的淮海经济区作为丝绸之路的东方起点,连云港作为"陆上丝绸之路"

和"海上丝绸之路"的交会节点以及未来中日韩自由贸易区的重要纽带、中亚国家以及我国中部和西北地区的重要出海口,那么,东邻东陇海经济带和淮海经济区、西接西北丝绸之路通道和关中—天水经济区的中原经济区,就具有承东启西的支点作用。

2. 丝绸之路经济带加强河南省的对外开放

"一带一路"东西双向开放,为河南建设内陆开放高地、形成全方位对外开放新格局提供了重大的历史机遇。中原经济区是丝绸之路—陆桥经济带国内段上人口最多、综合经济实力最强的区段,在国家内陆开放中具有枢纽地位。在新时期,河南省重启、重构和实施"东引西进"战略,全力打造内陆开放的国家战略枢纽,不仅非常急迫和必要,而且在"一带一路"的东西双向开放中获得了新的重大历史机遇。重启就是强调"东引西进"战略的连续性和持续性,将深化对东开放、承接外资及东部地区的产业转移和加强向西开放、扩大西部地区的市场和资源基地作为重大的战略举措;重构就是强调新时期"东引西进"的时代性、创新性和全球性,通过东引,也就是通过强化与环太平洋发达国家和沿海发达地区的产业承接和人才、技术、经济联系,提升产业层次和创新发展能力;通过西进,扩大在我国西部、中亚、中东欧、俄罗斯、西欧、南亚、西亚和非洲等地区的市场占有率和关键资源的获取能力,强化与中亚、中东欧和欧盟的经济技术合作。通过丝绸之路—陆桥经济带建设,将"西进"战略放在河南省对外开放战略的重要位置,有助于大力实施"走出去"战略,发挥和转移河南在农业、能源、冶金等资源开发利用方面的丰富经验和技术能力,化解河南省电解铝、化工等行业的产能过剩问题,加快在西部地区、中亚地区建立农业、原材料和能源基地,推动河南部分能源原材料产业向西转移,培育新的经济增长点,带动河南经济在新常态下高质量发展。

3. 丝绸之路经济带深化河南省的区域合作

丝绸之路经济带推动着区域合作的全面拓展和深化,为河南省实施"东引西进"战略升级提供了广阔的发展空间。首先,中亚、东南亚等国家近年来经济发展速度加快,我国周边14个国家中有一半以上的国家经济年均增长速度超6%,是世界范围内经济发展活跃地带,具有较大发展潜力的地区。而根据2018年的全球GDP排名,如果河南省作为一个经济体的话,其在世界版图上经济排名大致为第 21 位,完全具备与上述地区开展深度合作的基础与条件。其次,欧洲国家为摆脱国际金融危机和欧洲主权债务危机的影响,亟须与保持经济强劲增长势头和拥有巨大市场容量的中国开展深度合作,河南的发展优势非常明显。再次,河南省与亚欧国家资源禀性不同,发展阶段与层次具有差异性,开展经济、技术、贸易、能源、资源合作互补性强,合作发展空间巨大。最后,河南自然和人文旅游资源丰富,现代旅游业基础好、潜力大,开展丝绸之路经济带旅游国际合作,有利于打造国际知名的沿黄河和沿丝绸之路的复合黄金旅游带,同时带动中国优秀传统文化输出,加强国际间人文交流,有助于推动构建人类命运共同体。

4. 丝绸之路经济带为郑州全面腾飞提供历史机遇

丝绸之路经济带为郑州规划建设"国家中心城市"提供了广阔腹地和历史机遇。与长江经济带将形成上海、武汉、重庆三大国家中心城市相比,丝绸之路—陆桥经济带将形成两大国家中心城市。在西段,西安是辐射我国大西北的国家中心城市;而在东段,郑州则应成为辐射我国广大黄淮海平原和黄河中下游地区的国家中心城市。在丝绸之路—陆桥经济带的 90 多个城市中,从人口、腹地、区位、交通、资源等多方面综合评估,郑州市的发展潜力位居榜首,领先于西安、兰州和乌鲁木齐等其他中心城市。以中原城市群为核心、以中原经济区为基础,将郑州的定位从国家区域性中心城市上升为国家中心城市,有利于提升郑州在国家乃至全球城市体系中的功能等级,与西安一起,形成对丝绸之路—陆桥经济带这一国家发展"一级"轴线的支撑。同时,也只有将郑州的定位上升为国家中心城市,中原经济区才能真正成为全国区域协调发展的支点和内陆开放的枢纽。

5. 丝绸之路经济带拉动河南省航空港建设

丝绸之路经济带为郑州航空港经济综合实验区功能定位的实现提供了新的战略保障。在郑州航空港经济综合实验区五大战略功能定位中,内陆地区对外开放门户是支撑其他战略定位实现的基础,也是中原经济区成为内陆开放国家战略枢纽的核心依托。丝绸之路经济带作为国家重大的开放战略,有利于郑州航空港着力发展航空物流、高端制造、现代服务三大主导产业,推动电子商务、物流快递、国际航空网络和金融结算"四位一体"的跨越式发展,这为航空港构建覆盖全球的货运网络体系、打造丝绸之路—陆桥经济带供应链的东方中心和价值链的高端基地提供了基本需求保障。积极主动融入丝绸之路经济带建设,河南将以什么角色纳入国家丝绸之路经济带战略规划并在其中有较高层次的功能定位,仍然存在不确定性。面对百年未有之大变局,河南应该站在国家发展战略的高度,立足河南的优势,积极主动谋划国家的丝绸之路经济带战略,找准自身的战略定位,积极融入"一带一路"倡议,推动郑州航空港高质量发展。

国家推行"一带一路"倡议给河南带来重大发展机遇。河南省不沿边、不沿江、不靠海,在海洋经济时代,开放型经济发展相对落后。改革开放以来,尤其是习近平总书记提出"一带一路"倡议后,国家对外开放战略格局进一步明确为沿海、沿边、沿江、沿线全面开放,过去让内陆地区艳羡不已、沿海地区独享的政策先机,变得平衡而普惠,为河南打造对外开放新高地提供了发展机会。

2015年3月28日,国家发展改革委、外交部、商务部联合发布了"一带一路"纲领性文件《推动共建丝绸之路经济带和21世纪海上丝绸之路的愿景与行动》,并明确:依托中原城市群,推动产业集聚发展,打造郑州内陆开放型经济高地;打造"中欧班列"品牌,建设沟通境内外、连接东中西的运输通道;支持郑州建设航空港、国际陆港,开展跨境贸易电子商务服务试点。因此,国家在"一带一路"建设中赋予河南重要历史使命。河南紧紧抓住中国地理经济大洗牌的机会,积极主动地将自身发展融入到"一带一路"倡议中。正如中国国际经济交流中心副理事长张大卫在采访中所讲道:"在'一带一路'倡议提出来以后,河南更是把自己的发展主动与之对接。这些主动发展包括:构建空中丝绸之路、陆上丝绸之路、网上丝绸之路等。在内陆省份中,河南在推进'一带一路'的建设中,表现很主动,做得比较好。河南的自贸试验区、航空港、郑欧班列等,都在很务实地推动这项工作。"

河南省提出的"四路建设"并进策略,是对"一带一路"倡议进一步深化和发展,最终构建起空中、陆上、网上、海上丝绸之路相互支撑、相互促进的全方位对外开放新格局,形成全面对外开放的新局面。

(二)国家区域战略性规划带来的机遇

1. 政策叠加优势提供了巨大市场空间

近年来,国家先后颁布实施了《关于跨境电子商务零售出口税收政策的通知》《关于加快培育外贸竞争新优势的若干意见》《关于促进跨境电子商务健康快速发展的指导意见》等一揽子政策,在企业发展、海关监管、检验检疫、税收等方面实施优惠政策,全力支持跨境电子商务发展。河南作为自贸区和跨境电商综合试验区的战略叠加区域,政策红利突出,国家政策支持力度增大,解决了制约跨境电商不断扩大开放的支付、跨境物流、报关报检等发展障碍,对跨境电子商务发展新模式、新业态给予了强力支撑。为了促进国家"一带一路"倡议的顺利推进,河南省委省政府也陆续出台了相关配套政策促进"四路建设"的健康发展,表4-1给出了2015~2019年河南省部分配套措施政策。多项政策的陆续出台以及政策的叠加效应在很大程度上促进了"四路建设",保证了资金、人力资源等持续供应,为河南对外开放提供了巨大市场空间。

表4-1 2015~2019年河南省出台的部分有关促进"四路建设"的配套措施政策

时间	名称	部门	主要内容
2015年12月	河南省人民政府关于印发河南省促进外贸稳定增长若干政策措施的通知	河南省人民政府(豫政〔2015〕77号)	促进贸易便利化,改善营商环境,减轻企业负担,推动全省外贸稳定增长和转型升级,培育国际竞争新优势
2016年1月	河南省人民政府关于进一步加快民航业发展的意见	河南省人民政府(豫政〔2016〕1号)	提升了我省交通区位优势和对外开放水平,在经济社会发展中发挥了重要的支撑带动作用
2016年3月	河南省人民政府关于大力发展电子商务加快培育经济新动力的若干意见	河南省人民政府(豫政〔2016〕16号)	加快电子商务与实体经济深度融合,创造新的消费和投资需求,形成经济发展的新动能,推动我省经济提质增效升级
2016年5月	河南省人民政府关于印发中国(郑州)跨境电子商务综合试验区建设实施方案的通知	河南省人民政府(豫政〔2016〕28号)	为全面推进跨境电商综合试验区建设工作,早日实现"买全球、卖全球"战略目标
2017年4月	河南省人民政府关于印发中国(河南)自由贸易试验区建设实施方案的通知	河南省人民政府(豫政〔2017〕12号)	将河南自贸试验区建设成为服务"一带一路"建设的现代综合交通枢纽、全面改革开放试验田和内陆开放型经济示范区

续表

时间	名称	部门	主要内容
2017 年 9 月	河南省人民政府关于印发郑州—卢森堡"空中丝绸之路"建设专项规划（2017—2025 年）的通知	河南省人民政府（豫 政〔2017〕31 号）	加快建设郑州—卢森堡"空中丝绸之路"，提升河南服务"一带一路"建设支撑能力
2018 年 7 月	河南省人民政府中国民用航空局关于印发郑州国际航空货运枢纽战略规划的通知	河南省人民政府（豫 政〔2018〕23 号）	努力成为更高质量的经济强省，进一步提升和增强在全国发展大局中的地位和作用
2019 年 1 月	河南省人民政府关于印发优化口岸营商环境促进跨境贸易便利化工作实施方案的通知	河南省人民政府（豫 政〔2018〕39 号）	深化"放管服"改革，优化口岸营商环境，实施更高水平跨境贸易便利化措施，加快我省内陆开放高地建设
2016 年 10 月	河南省人民政府办公厅关于印发河南省推动交通物流融合发展工作方案的通知	河南省人民政府办公厅（豫政办〔2016〕182 号）	完善交通物流网络（航空国际物流、陆桥国际物流通道工程等）、提高联运服务水平、打造资源共享的交通物流平台、创新应用交通物流发展新模式
2017 年 3 月	河南省人民政府办公厅关于印发河南省"十三五"现代综合交通运输体系发展规划的通知	河南省人民政府办公厅（豫政办〔2017〕42 号）	指导全省现代综合交通运输体系建设，厚植综合交通优势，率先基本实现交通现代化
2017 年 3 月	河南省人民政府办公厅关于印发郑州航空港经济综合实验区"十三五"发展规划的通知	河南省人民政府办公厅（豫政办〔2017〕43 号）	阐述规划期内政府的战略意图、工作重点和重大举措
2017 年 3 月	河南省人民政府办公厅关于深入实施"互联网＋流通"行动计划的意见	河南省人民政府办公厅（豫政办〔2017〕49 号）	依托郑州航空港、郑州国际陆港、郑州国际物流园，打造国际物流体系
2017 年 5 月	河南省人民政府办公厅关于加快培育外贸综合服务企业的实施意见	河南省人民政府办公厅（豫政办〔2017〕59 号）	重点培育 10 家以上省级外贸综合服务企业
2017 年 9 月	河南省人民政府办公厅关于印发推进郑州—卢森堡"空中丝绸之路"建设工作方案的通知	河南省人民政府办公厅（豫政办〔2017〕107 号）	深化"双枢纽"战略合作，拓展航空运输、经贸产业、金融服务、人文交流、多式联运等领域合作
2017 年 9 月	河南省人民政府办公厅关于印发河南省物流业转型发展规划（2018－2020 年）的通知	河南省人民政府办公厅（豫政办〔2017〕109 号）	以冷链物流、快递物流、电商物流为突破口，加快现代物流业转型发展

续表

时间	名称	部门	主要内容
2017 年 12 月	河南省人民政府办公厅关于进一步推进物流降本增效促进实体经济发展的实施意见	河南省人民政府办公厅（豫政办〔2017〕161 号）	加强要素保障，拓展物流发展空间、建设多式联运服务体系、推进物流信息化、标准化、智能化，培育创新发展新动能
2018 年 1 月	河南省人民政府办公厅关于印发河南省促进物流业转型发展若干措施的通知	河南省人民政府办公厅（豫政办〔2018〕3 号）	支持物流园区和基础设施建设、支持物流设备研发和应用，推动物流信息化、标准化建设，实行融资倾斜
2018 年 6 月	河南省人民政府办公厅关于进一步做好引导和规范境外投资工作的通知	河南省人民政府办公厅（豫政办〔2018〕33 号）	引导和规范境外投资方向、加强对境外投资的分类指导
2018 年 11 月	河南省人民政府办公厅关于促进外贸转型发展的通知	河南省人民政府办公厅（豫政办〔2018〕71 号）	提升外贸规模和质量、发展外贸新业态、出口贸易、推动进口贸易发展
2018 年 12 月	河南省人民政府办公厅关于印发河南省汽车平行进口试点实施方案的通知	河南省人民政府办公厅（豫政办〔2018〕72 号）	以自贸区和铁路口岸为依托，打造公共服务平台、国际市场采购体系、贸易便利通关体系、售后服务保障体系和政府监管信息体系，推动汽车领域消费升级和产业转型
2018 年 12 月	河南省人民政府办公厅关于积极推进供应链创新与应用的实施意见	河南省人民政府办公厅（豫政办〔2018〕75 号）	支持企业设立境外分销和服务网络、物流配送中心、海外仓、海外运营中心等，支持跨境电子商务企业发展全球业务，支持成立全球供应链郑州合作组织
2019 年 1 月	河南省人民政府办公厅关于进一步深化民营企业金融服务的意见	河南省人民政府办公厅（豫政办〔2018〕84 号）	加强民营企业纾困帮扶，支持民营企业融资融智
2019 年 1 月	河南省人民政府办公厅关于印发河南省推进运输结构调整工作实施方案的通知	河南省人民政府办公厅（豫政办〔2019〕4 号）	提升铁路运输能力、加快内河水运发展、规范公路货运发展、加快多式联运发展
2019 年 2 月	河南省人民政府办公厅关于促进经济平稳健康发展的意见	河南省人民政府办公厅（豫政办〔2019〕15 号）	扩大有效投资、稳定工业运行、加大金融支持实体经济力度、稳定外资外贸、扩大市场消费

续表

时间	名称	部门	主要内容
2019 年 4 月	河南省人民政府办公厅关于扩大进口促进对外贸易平衡发展的实施意见	河南省人民政府办公厅（豫政办〔2019〕29 号）	优化进口商品结构、壮大进口市场主体，加强载体平台建设、拓展进口贸易渠道
2019 年 5 月	关于推进电子商务与快递物流协同发展的实施意见	河南省人民政府办公厅（豫政办〔2019〕12 号）	提高电子商务与快递物流协同发展水平，推动全省物流业加快转型发展

资料来源：河南省人民政府官网。

2. 基础设施互联互通

河南位于全国中心地带，高效便捷的陆海空立体化多式联运的基础设施互联互通，公路港、铁路港、航空港、信息港"四位一体"的现代物流体系基本形成，为跨境电商以及"四路建设"夯实了发展基础。截至目前，河南拥有三纵五横国铁干线网、十二横九纵六放射的高速公路网和连通世界的航空物流网。郑州机场客货运通航城市 86 个，入驻 UPS、FedEx、TNT、DHL 等 40 多家知名物流和货运代理企业，基本形成覆盖全国及东南亚主要城市、连接欧美货运枢纽的航线网络。郑欧班列、郑州国际陆港初步打通了直通欧洲、中亚的陆路走廊，境外部分服务范围覆盖欧洲、俄罗斯及中亚近 20 个国家 105 个城市，境内部分可以集散全国主要经济区和城市的货物，为跨境电商提供了坚实的跨境物流服务支撑。

3. 贸易便利化提升了监管效率

在网上丝绸之路运营管理方面，河南自贸区实行跨境电商零售进口正面监管模式，将海关监管无缝嵌入企业经营环节，实现"以货物为单元"的逐票监管到"以企业为单元"的守法监管。在通关一体化模式下，跨境企业可以按照自身的实际需要，自主选择申报口岸、通关模式和查验地点，跨境企业具有较大的自主选择权。河南创新的"1210 模式"突出体现了关检合作"三个一"及"单一窗口"服务的优势，通过对河南保税物流中心的监管，全面推动通关一体化，实现区域内执法互认。未来，河南将在全省范围内打造统一的服务"单一窗口"，实现跨区域的信息互联互通互认，推动跨境电商的异地申报监管，此举将极大提升跨境企业的通关效率，节约企业通关的成本，为跨境电商提供良好的发展软环境，有助于跨境电商与"四条丝路"的协同发展。

4. 信息产业互联互通全方位发展

信息化不仅意味着铁路、公路、航空、港口、物流园区等交通基础设施的完善，还包括通信网、物联网、互联网及信息平台等通信基础设施的升级。丝绸之路经济带发展战略给国家间互联互通的信息化建设带来了更多的发展机遇。信息产业作为河南省重点培育的高成长性产业之一，是河南省的战略先导产业。以信息化为主体，利用各国经济的数字化趋势，加快了我省信息产品和服务走出去的步伐。2014 年，仅靠郑州的跨境电子商务试点项目的带动，就实现了 400 多亿元的电子商务零售额，电商平台的交易额达 2800 亿元。河南通过信息产业联通了世界，促进了对外贸易发展。

2019 年 9 月 4 日，在河南省长陈润儿主持召开的省政府常务会议上提出，要统筹平台建设，坚持郑州航空港经济综合实验区、中国（河南）自由贸易试验区、郑洛新国家自主创新示范区、中国（郑州）跨境电商综合试验区、大数据试验区"五区"联动，推进空中、陆上、网上、海上丝绸之路"四路"并进，高标准建设好功能、产业、制度和通道"四类平台"。以更高水平开放促进更高质量发展，实现局部优势、单一优势向综合竞争优势转化。

郑州航空港经济综合实验区侧重通道型平台建设，在枢纽功能提升、航线网络拓展、特色产业培育等领域实现新突破，加快建设连接东亚和欧洲的空中经济廊道。中国（河南）自由贸易试验区侧重制度型平台建设，积极申建自由贸易港，加快形成制度创新优势和发展优势。郑洛新国家自主创新示范区侧重功能型平台建设，加快产业链、创新链、金融链、政策链高效融合，构建更具活力的创新创业系统，着力打造中西部地区科技创新高地。中国（郑州）跨境电商综合试验区侧重产业型平台建设，引导有实力的企业"走出去"开展投资合作，发展跨境电子商务等贸易新业态、新模式。河南大数据试验区推动国际贸易"单一窗口"建设，让数据多跑路、企业少跑腿，推动实现"一网通办"。

密集的国家战略相继落地河南，构成了河南省全面开放的新体系。对于叠加在河南的国家战略，是一般性的碎片化利用，还是创造性地系统化利用，效果可谓天壤之别。如何用好国家战略叠加效应，发挥国家战略组合的集成优势？河南积极谋划，提出"五区"联动，形成了空中、陆上、网上、海上四条丝绸之路"四路"并进，将国家战略叠加效应转化为雄浑壮阔的发展合力。

5. 河南省外贸进出口稳步增长的实际需求

2018 年以来，面对错综复杂的国际经贸环境，河南省在扩大进口、优化口岸营商环境、促进跨境贸易便利化、出口退税等方面，出台了一系列有力度的政策措施，实现了进出口贸易的稳步增长。2018 年，全省有进出口记录的企业 7747 家，较 2017 年增加了 993 家。进出口总额为 5512.05 亿元，与 2017 年相比增长 5.3%，分别居中部第 1 位，全国第 11 位。其中出口额为 3578.25 亿元，同比增长 12.8%；进口额为 1933.80 亿元，同比下降 6.2%。进出口企业主动适应市场需求新变化，加快转型升级，国际竞争力进一步提高。促进河南省外贸进出口稳步增长的有利因素主要有以下四点。

一是"空中丝绸之路"为河南对外开放提供新动能。2018 年 6 月，由中国民用航空局联合河南省政府编制的《郑州国际航空货运枢纽战略规划》发布并逐步实施，这是全国唯一以货运为主的战略规划，规划将郑州机场定位为全球航空货运枢纽、现代国际综合交通枢纽、航空物流改革创新试验区以及中部崛起的新动力源。2019 年 9 月 11 日，国家发展改革委、交通运输部联合印发《关于做好 2019 年国家物流枢纽建设工作的通知》，共有 23 个物流枢纽入选 2019 年国家物流枢纽建设名单。其中，郑州空港型国家物流枢纽正式入选，这是河南首个入选的国家物流枢纽，也是国家唯一的空港型物流枢纽。

二是推进"陆上丝绸之路"建设和开放口岸建设，对外开放水平提高。"一带一路"倡议实施以来，河南省紧跟中央步伐，紧抓有利时机，掌握战略主动，依托中欧班列，着力打造贯通亚欧、通江达海的交通走廊，发挥产业间的关联效应，带动进出口增长和产业转移，全面提高河南省对外开放水平。

三是综合保税区产业集聚效应明显。作为全省承接加工贸易产业转移的重要阵地，新郑综合保税区经过多年的发展和运作，区内企业进出口额逐年扩大。2018 年，新郑综合保税区有进出口业务的企业达 29 家，进出口额为 3415.35 亿元，是推动全省外贸保持快速增长的重要力量。

四是国际市场布局进一步优化，"一带一路"合作取得丰硕成果。2018 年是习近平总书记提出共建"一带一路"倡议五周年。五年来，共建"一带一路"倡议从理念转化为行动，从愿景转化为现实，取得了丰硕成果，贸易畅通给双方都带来了实实在在的利益。河南与"一带一路"沿线国家的进出口贸易保持良好发展态势，双向贸易额为1187.89亿元，同比增长23.0%，高出同期全省外贸整体增速20.8个百分点，占全省进出口总额的21.6%，较2017年提升3.1个百分点。其中，出口额为7.9亿元，进口额为409.90亿元，这一数据说明了河南进出口的极端不均衡。具体成果如表4-2至表4-4所示。

表4-2　2018年河南省与主要贸易伙伴进出口情况　　单位：亿元,%

贸易伙伴	进出口额	同比增长	出口额	同比增长	进口额	同比增长
美国	1382.66	27.6	1326.02	31.4	56.64	-24.1
欧盟（28国）	647.47	2.0	539.11	5.5	108.36	-12.2
东盟（20国）	638.82	38.8	276.14	17.1	362.68	61.6
中国台湾	460.45	-11.8	25.28	2.0	435.18	-12.4
日本	357.41	-24.9	246.86	-22.4	110.55	-29.8
韩国	326.93	-25.3	79.71	2.9	247.22	-31.4
中国香港	185.79	4.2	185.66	4.1	0.13	86.3
澳大利亚	162.85	4.4	82.34	10.2	80.51	-1.0
墨西哥	114.14	17.6	46.63	39.9	67.51	5.9
巴西	101.73	14.9	39.77	-5.4	61.96	33.4

资料来源：王世炎.2019年河南经济形势分析与预测［M］.北京：社会科学文献出版社，2019.

表4-3　2018年河南省出口、进口主要商品类型统计　　单位：亿元,%

出口商品	出口额	同比增长	进口商品	进口额	同比增长
机电产品	2607.08	11.1	机电产品	1401.09	-9.1
其中：手机	2115.78	9.4	其中：集成电路	710.78	-9.1
农产品	169.05	13.3	铜矿砂及其精矿	106.20	56.5
未锻轧铝及铝材	101.16	31.8	农产品	85.83	-18.8
服装及衣着附件	74.75	29.9	美容化妆品及护肤品	62.35	-3.9
纺织纱线、织物及制品	70.87	11.8	铁矿砂及其精矿	52.53	-16.3
汽车	51.28	22.8	大豆	37.68	-35.7
汽车零配件	43.26	-5.0	计量检测分析自控仪器	34.26	19.2
家具及其零件	29.47	35.3	纸浆	25.11	5.8
陶瓷产品	27.15	19.1	印刷电路	22.36	-16.0
新的充气橡胶轮胎	26.98	-13.2	煤及褐煤	20.08	44.6

资料来源：王世炎.2019年河南经济形势分析与预测［M］.北京：社会科学文献出版社，2019.

表 4 - 4　2018 年河南省各地市进出口值统计　　　单位：亿元,%

地市	进出口值	同比增长	出口值	同比增长	进口值	同比增长
郑州市	4105.40	2.2	2577.14	10.7	1528.26	-9.4
南阳市	169.54	28.7	142.17	30.7	27.37	19.5
焦作市	161.47	8.6	117.32	8.9	44.15	7.8
洛阳市	143.68	7.9	133.41	13.4	10.27	-33.8
济源市	134.99	-3.4	28.72	-7.9	106.27	-2.1
许昌市	112.11	-3.3	102.87	-4.2	9.24	7.7
三门峡市	111.51	38.9	26.60	19.4	84.92	46.4
周口市	93.69	21.6	77.59	43.8	16.10	-30.2
新乡市	79.56	14.6	63.35	19.7	16.22	-1.7
漯河市	62.63	18.5	57.42	22.4	5.21	-12.0
安阳市	59.20	2.3	33.30	38.1	25.90	-23.2
开封市	57.62	53.9	50.54	45.9	7.09	152.7
濮阳市	54.62	36.7	41.67	25.0	12.94	96.0
信阳市	46.89	27.5	27.38	35.9	19.51	17.3
平顶山市	38.96	2.0	36.08	10.1	2.88	-46.8
驻马店市	32.72	38.2	26.74	30.1	5.97	91.1
鹤壁市	23.83	52.7	16.29	46.8	7.54	67.4
商丘市	23.62	19.5	19.66	7.4	3.96	170.0

资料来源：王世炎.2019 年河南经济形势分析与预测［M］.北京：社会科学文献出版社，2019.

二、河南省"四条丝绸之路"发展面临的挑战

（一）河南省无法简单模仿沿海湾区经济发展模式

（1）湾区经济属于海洋经济独特优势和特色，这是内陆城市无法模仿的。目前粤港澳大湾区已经上升为国家战略，杭州大湾区也正在申报。此外，在邓小平两个大局战略下，沿海城市已经形成先发优势，近 40 年的经济发展规模和水平是内陆城市短期内无法赶超的。

（2）沿海地区外贸进出口仍然占我国外贸的绝对市场优势和份额。内陆地区的传统国际贸易与沿海无法抗衡，从表4-5可以看出，2017年河南省外贸总量挺近全国十强，但进出口总额与广东、江苏、浙江等沿海省份不在一个量级上，甚至河南全省外贸进出口额（5232.8亿元）都赶不上宁波一个市（7600亿元）。其中，2018年河南省外贸总量为5512亿元，增长率为5.3%，位于全国第11位，短期内无法超越沿海省份，同时也说明河南外贸有巨大提升空间。

表4-5　2017年全国外贸10强省份　　　　　　　　单位：亿元，%

省份	进出口额	增长率
广东	68200	8.00
上海	59700	14.00
江苏	40022.1	19.10
浙江	25604.2	15.30
北京	21900	17.50
山东	17800	15.20
福建	11600	12.00
天津	7646.85	12.80
辽宁	5521.7	20.00
河南	5232.8	10.90

资料来源：中华人民共和国统计局官网。

（3）跨境电商出口企业和卖家多集中在珠三角和长三角地区。珠三角和长三角地区是中国对外贸易的主要窗口，在我国对外贸易中占有较大比重。这些地区制造业基础雄厚，外向型经济水平高，跨境电商企业中能创造大量经济价值的贸易型和生产型企业多集中于此；而河南产业基础较为薄弱，目前以吸引集聚大型平台为主，本土跨境电商卖家尚未形成竞争优势。

（二）产业转型升级的阵痛将持续较长时间

目前中国人口持续下降，人口红利或在十年内消失，房地产拉动经济增长更不是长久之计，坚持房住不炒已成基本共识。因此，河南省必须以供给侧结构性改革为切入点，围绕产业转型升级做文章，建设现代制造业强省、现代农业强省、现代服务业强省和网络经济强省。根据 2018 年的数据显示，河南全年全省生产总值 48055.86 亿元，三产业结构约为 9.0∶45.8∶45.1，形成的五大支柱产业为装备制造、食品制造、新型材料制造、电子制造、汽车制造等（占工业的比重 48.9%），高耗能产业占 33.1%。增速较快主要工业产品（11%以上）为：柴油、新能源发电、电池（锂电子和太阳能）、新能源汽车、手机等。

上述数据说明，一方面，河南支柱产业还是以传统产业为主，从河南省的五大支柱产业来看，装备制造、食品制造和汽车制造还处于很重要的地位。截至 2018 年传统产业占规模以上工业的 45.1%，高新技术产业和战略新型产业总共占据了 21.4% 左右的比例。另一方面，新型产业有发展但占比较小。虽然 2018 年的主要工业品增长中电池、新能源、新能源汽车等增速较快，但是在规模以上工业产品中主要工业产品还是以传统工业产品汽油、钢材为主。

虽然目前河南已经是工业大省，但是距离真正的工业强省还是有差距的，而且因为历史发展原因区域内高耗能、高污染等传统工业占比还是比较重的。这对于环境形势严峻的河南来说，产业转型升级必然会造成经济增长压力。未来很长一段时间（10 年左右）河南都面临着经济转型的阵痛，能否转型成功未来 5 年很重要。

第五章　河南省"四路建设"跨境电商物流渠道选择

一、跨境电商物流渠道现状与比较

　　跨境电商物流是跨境电子商务与国际物流相结合的产物。与国内电子商务物流相比，跨境电商物流最大的特点在于涉及商品在不同国家、不同区域间的流动，包含国际运输和国内配送两个部分，物流时间长、运输费用高，需要海关等有关部门的监管。跨境物流是跨境电商的重要环节。跨境电商物流更是需要商品跨越不同国家进行运输配送，通常需要多方接力配合才能实现商品的最终完成，对商家来说是巨大的挑战和应重点关注的对象。跨境电商不同的物流模式有不同的通关方式，不同的通关方式对应不同的监管程序，有着各自的流程和税收标准。通关模式的差别关系到整个物流过程的时间长短和成本费用。由于跨境物流的环节烦琐复杂、周期较长，且深受各国不同人文风俗和地理环境的影响，因此跨境物流的模式更为细致繁多，其分类如表5-1所示，给出了不同物流模式的运行方式以及各自的特点。

表5-1　跨境物流的主要模式

物流模式	运行方式	特点
国际邮政包裹	一般依靠万国邮政体系，以个人邮包形式发货	清关方便，价格低但速度慢，包裹丢失率高

物流模式	运行方式	特点
国际快递	以 UPS、FedEx、DHL 为主	包裹丢失率较低且效率高，价格高
海外仓	在海外建设或租赁仓库，提前将产品储存至仓库，从仓库发货配送	效率高，售后问题易保障，投资大
国际物流专线	两个特定国家之间的专线物流	固定的起点、终点、线路和时间等；运送范围较局限
边境仓	在目的国邻国边境建设或租赁仓库，提前将产品储存至仓库，从仓库发货	效率较高，服务较好，成本投资高
保税区	将产品先运输至保税区，在得到订单后，在保税区进行发货运送	规模化操作，高效率，低成本
自贸区物流	自贸区内允许产品免税进口，以保税为主，和保税区物流相同	效率较高，售后保障，成本低
集货物流	将产品运送到仓储中心，一定数量和规模后再进行运输和配送	规模化批量操作，成本较低，时间较长
第三方物流	除商家和消费者之外的第三方物流企业所承担的物流服务	效率高，成本相对较低，易于操作
第四方物流	以为交易双方提供综合全面的物流和供应链解决方案为主	专业化强，时效性高，可操作性强

虽然跨境物流有着明确的分类和模式，但在实际应用中一般不会以单一的形式出现，而是由于跨国和跨境的独特性，在服务于跨境电子商务时往往以几种模式结合的方式使用。因此，跨境物流模式还可以分为："单一"模式、"两段中转"模式、"两段收件"模式等。这种混合式的跨境物流通常是按照实际应用的需求，选择两种及以上的物流方式进行结合共同完成从出发国到目的国的物流运送，这样能够弥补单一物流模式的短处，例如国际物流专线＋自贸区物流、海外仓＋第三方物流和保税区＋国际快递等。

主要的跨境电商物流渠道及特点如下：

（一）邮政包裹模式

国际邮政包裹是指通过万国邮政联盟体系实现货物的进出口运输，多采用个人邮包形式进行发货，以邮政体系为商品实现跨国物流的载体。邮政网络覆盖全球 220 个国家和地区，基本覆盖全球，物流渠道较为成熟，比其他任何物流企业的渠道都要广，因此邮政包裹是跨境电子商务出口业务物流的主要方式。这主要得益于万国邮政联盟和卡哈拉邮政组织。万国邮政联盟是联合国下设的一个关于国际邮政事务的专门机构，通过公约法规来改善国际邮政业务，发展邮政方面的国际合作。万国邮政联盟由于会员国众多，而且会员国之间的邮政系统发展不平衡，因此，很难促成会员国之间的深度邮政合作。于是在 2002 年，邮政系统相对发达的 5 个国家（中国、美国、日本、澳大利亚、韩国）的邮政部门在美国召开了邮政 CEO 峰会，并成立了卡哈拉邮政组织，后来西班牙和英国也加入了该组织。卡哈拉组织要求所有成员国之间的投递时限要达到 98% 的质量标准。如果货物没能在指定日期投递给收件人，那么负责投递的运营商要按货物价格的两倍赔付给客户。这些严格的要求都促使会员国成员之间深化合作，努力提升服务水平。

目前，中国跨境电商出口包裹大多数都是通过国际邮政系统投递的。中国邮政旗下一般适用出口电商的国际物流服务包括大包、小包，其中邮政小包因其时效快、价格低的综合特质而使用最为广泛。除中国邮政外，通过货运代理走中国香港邮政、新加坡邮政等渠道也是国内商家的重要选择。因此，目前跨境电商物流还是以邮政的发货渠道为主。不过，邮政的渠道虽然比较多，但是，却也存在相关的问题。商家在选择邮政包裹发货的同时，必须注意出货口岸、时效、稳定性等。邮政包裹模式主要由邮政小包和国际 E 邮宝两种，主要内容如下：

1. 邮政小包

邮政小包又叫作中国邮政航空小包，是中国邮政开展的一项国际、国内邮政小包业务服务，属于邮政航空小包的范畴，是一项针对 2 千克以下的货件、经济实惠的国际快件服务项目，利用遍布世界各地的万国邮政系统运送货物，可寄达全球 220 多个国家和地区的各个邮政网点。邮政小包直接交接中国邮政，无须中转香港，包裹交邮局后当天可在中国邮政网查到包裹状态。其运送到亚洲邻国只需要 5～10 天，到欧美主要国家需要 7～15 天。而且相对于其他运输方式如四大国际快递，邮政小包的价格要便宜很多。因此，目前邮政小包是零售跨境电商企业使用最主要也最普遍的物流渠道。

2. 国际 E 邮宝

国际 E 邮宝是中国邮政为适应国际电子商务市场快递需求为跨境电商平台卖家提供的 2 千克以下货物更具性价比的、专门针对美、英、澳、俄等地开通的物流服务项目。国际 E 邮宝的特点，一是速度比中国邮政小包快；二是费用比邮政小包更便宜，不同物流公司费率略有差异，运费约 0.08 元/克，以件为单位收取处理费，每件 7 元；三是手续方便，卖家直接在电商平台下单，邮政工作人员上门揽收货物，卖家也可以自行将货物送到指定网点；四是提供全程信息跟踪服务；五是清关能力较邮政小包弱。

邮政包裹优点：一是运送范围广。邮政系统的物流网络是公认的最具广度和深度的，覆盖了全世界大多数国家和地区，能够将货物送达全球 200 多个国家和地区。二是手续便捷。货物投递之后，邮政公司将代为完成后续所有手续，如商品检验、清关等。三是费用低。邮政小包在所有跨境电商物流渠道中费用较低，仅次于国际 E 邮宝和有些海外专线。四是费用核算简便。邮政小包采取全球统一定价，无首重、续重之分。五是清关能力较强。邮政小包具有比较强的清关能力，可有效节省关税。

邮政包裹缺点：一是速度慢。邮政包裹模式是所有跨境电商物流渠道里速度最慢、时效最差的。此渠道寄往欧洲和美国通常需要 20 多天，有些甚至需要 30 天。二是寄送货物种类有限制。按规定，邮政包裹不能寄送液体和粉末状物品，现在大多数用来寄送纺织品、电子类相关产品等。三是寄送重量有限制。邮政小包每个包裹限制在 4 千克以下，超过 4 千克的不能寄，或者要分件。四是物流跟踪能力弱。它没有及时的信息跟踪，除非邮寄时加投挂号，查询货物状况还需要书面申请，反馈信息滞后。货物出境后，无法跟踪货物状态，无法得知货物是否交货，售后服务难度加大。五是价格波动大。受货物种类、季节和时期、业务量等因素影响，对小客户的优惠小。

（二）专线物流模式

跨境专线物流是指采用航空包舱方式将货物运输至消费目的国，再通过与当地的快递公司合作，进行本土化配送，送至消费者手中。拥有足量的货源，能够集中到达某一特定国家或地区的较大批量货物是专线物流的重要优势，进而通过较大的规模效应来降低运输成本,所以,专线物流的运输价格会比其他一般商业快递的运输价格低。在时效控制方面,专线物流运输时效快于国际邮政包裹,但是相比于商业快递来说会慢许多。市面上较普遍的专线物流产品有欧洲专线、美国专线、俄罗斯专线等,也有不少物流公司推出了中东专线、南美专线、南非专线等。跨境专线物流运作流程一般包括:接审单、调配车、提收货、出入库、中转配、保险服务等环节,如中国国内专线物流公司有些要通过中国香港地区中转。

跨境专线物流主要包括跨境电商平台专线物流和第三方物流企业海外专线两种模式。这两种模式的主要内容如下。

1. 跨境电商平台专线物流

跨境电商平台专线物流是指跨境电子商务平台为了更好地开展其国际业务,尽可能快地配送产品,满足消费者的需求而自建的物流专线,它的运输速度快但是投入大,建设成本高,资金回笼的速度较慢。

2. 第三方物流企业海外专线

第三方物流企业海外专线是指为经营跨境业务公司专门提供的海外物流服务。对于企业来说,它可以有效地降低成本,减少投入。它主要为平台内部的中小型企业提供合适的物流渠道,解决他们的货物运送问题,为他们提供更加专业、适应性强的物流渠道方案,进而提高物流服务水平。

专线物流虽然存在较多优点,能够极大地满足平台内中小企业的物流运送需求,然而,也不可避免地存在一些缺陷和问题,具体体现在专线物流覆盖范围有限,通常只针对于欧美国家以及最新开拓的俄罗斯地区。而且一些专线物流企业所能控制的物流区域也相对有限,通常只能负责国内,国外部分则由地方的邮政公司负责,这样就容易出现由于双方工作交接不畅而导致的运送延误问题。此外,专线物流通常不受理退货事件。

专线物流的优势主要表现在能集中大批量货物发往目的地,集货产生的规模经济效应能有效降低跨境专线物流成本,因此,在价格上,其物流价格比快递物流相对低廉,但相比邮政小包来说,运费成本还是高了不少;在时效上,专线物流运送的货物在送达境外国之后,通常需要与境外邮政或快递合作进行物流配送,故在速度上不如快递物流模式,但相比邮政包裹物流模式还是快很多。然而，在覆盖面上，跨境物流专线模式在国内的集货揽收范围相对比较有限，这与邮政包裹网络是无法比拟的。

优点：一是速度比邮政小包快；二是运输费用低廉；三是手续简便；四是清关能力较强。

缺点：一是覆盖范围窄，海外专线目前主要在美国、欧洲、俄罗斯等地；二是可能出现运送延迟；三是寄送产品种类有限制；四是售后服务较差，大多数不支持退货服务。

（三）国际快递模式

国际快递是指快件从一个国家到另一个国家的跨越国界的递送过程，即通过国家之间的边境口岸和海关对快件进行检验放行的运送方式。这种模式是指在两个或两个以上国家（或地区）之间所进行的快递、物流业务。它是国际上物流运输常用的渠道之一，通常负责货物运送的企业都是大型快递企业，他们通常拥有较为通达、覆盖面较大的航线系统，并形成了较为完备的物流配送链条，而且打通了各项关口，能够实现从门口到门口的货物投递服务。

目前，国际快递模式主要包括 EMS 国际快递、国际商业快递以及国内快递企业的国际快递业务三种。

1. EMS 国际快递

EMS 国际快递是各国邮政开办的一项特殊邮政业务。该业务在各国邮政、海关、航空等部门均享有优先处理权。以高速度、高质量为用户传递国际紧急信函、文件资料、金融票据、商品货样等各类文件资料和物品，同时提供多种形式的邮件跟踪查询服务。EMS 还提供代客包装、代客报关、代办保险等一系列综合延伸服务。

2. 国际商业快递

国际快递商业巨头主要包括 DHL（德国敦豪）、TNT（荷兰快递）、FedEx（美国联邦快递）和 UPS（联合包裹速递服务公司）。这四大快递公司一般都会和各国国内快递公司合作对接，形成"主流国际快递物流 + 各国国内快递物流"的全程商业快递物流模式。

国际商业快递利用强大的 IT 系统和遍布世界各地的本地化服务，有着速度快、服务好、丢包率低的优点，尤其是发往欧美发达国家非常方便，为网购中国产品的海外用户带来极好的物流体验。但它的缺点在于物流成本较高，价格昂贵，且价格资费变化较大。一般跨境电商卖家只有在客户强烈要求时效性的情况下才会使用，且会向客户收取运费。

　　3. 国内快递企业的国际快递业务

　　国内快递主要指 EMS、顺丰和"三通一达"。在跨境物流方面，"三通一达"中申通和圆通布局较早，但也是近期才发力拓展。比如美国申通在 2014 年 3 月才上线，圆通也是 2014 年 4 月才与 CJ 大韩通运合作。由于依托着邮政渠道，EMS 的国际业务相对成熟，可以直达全球 60 多个国家。顺丰也已开通了到美国、澳大利亚、韩国、日本、新加坡、马来西亚、泰国、越南等国家的快递服务，并启动了中国大陆往俄罗斯的跨境 B2C 服务。2017 年 2 月国家邮政局发布了《快递业发展"十三五"规划》，该规划发展目标中提到，到 2020 年基本建成普惠城乡、技术先进、服务优质、安全高效、绿色节能的快递服务体系，形成覆盖全国，联通国际的服务网络。

　　国内快递企业的国际快递业务的优势主要在于速度较快，费用低于四大国际快递巨头，且 EMS 在中国境内的出关能力强。但是由于并非专注跨境业务，相对缺乏经验，对市场的把控能力有待提高，覆盖的海外市场也比较有限。

（四）海外仓模式

　　对于跨境电商卖家来说，想要获取更高利润，物流是一个不得不破的壁垒，海外仓正是在这样的市场诉求中应运而生。海外仓模式是跨境电商平台或传统物流企业在海外选择人工成本和仓租有优势的地区设置仓储中心，在消费者下单前预测海外仓库存需求，预先通过国际运输将货物从卖家所在地发往消费者所在地的海外仓，消费者购买后，货物从海外仓储中心出货，使用当地邮政系统配送到消费者。网络外贸交易平台、物流服务商可以独立或共同为卖家在销售目的地提供货品仓储、分拣、包装、派送的一站式控制与管理服务。

　　卖家将货物储存到当地仓库，当买家有需求时，第一时间做出快速响应，及时进行货物的分拣、包装以及递送。整个流程包括头程运输、仓储管理和本地配送 3 个部分。头程运输是中国商家通过海运、空运、陆运或多式联运将商品运送至海外仓库。仓储管理是指中国商家通过物流信息系统，远程操作海外仓储货物，实时管理库存。海外仓储中心根据订单信息，通过当地邮政或者快递将商品配送给客户，进行本地配送。

首先，使用海外仓模式，卖家可以降低物流成本，另外由于发货速度加快，卖家可以提高产品的售价，增加毛利。其次，卖家的产品品类可以无限扩张，有些产品使用期很长，虽然不属于快消品，但是市场需求量大，形成规模后就可以存放在海外仓销售。目前，由于海外仓优点众多，成为了业内较为推崇的物流方式。

1. 跨境电子商务平台经营海外仓储

跨境电商平台拥有大量中小型卖家，这些卖家经常有海外仓储物流的需求，但是由于他们资金和实力有限，因而他们经常向平台提出诉求。因此为了更好地满足平台上中小型卖家的需求，建立海外仓就在很多平台的战略布局中。例如"小笨鸟"、WISH 平台等都建立了海外仓项目。

2. 传统物流公司经营海外仓储

传统的物流公司为了扩展自己的业务范围，积极发展海外市场，满足跨境电商的需求，纷纷从事跨境物流服务，继而建立海外仓，平衡海外和国内市场。例如中国邮政速递物流股份有限公司建立了"中邮海外仓"。

3. 实力卖家自己经营海外仓储

除上述两种类型外，还有一种类型：即电商卖家自己经营海外仓。许多实力强劲的电商卖家为了更好地提升客户的体验和满意度，进而提升自己的经营效益，纷纷自己建立海外仓。例如"出口易"，它最初是 eBay 上的大卖家，在英美澳等国家建设了海外仓。实力卖家自己经营海外仓，可以极大地提升运输效率，提升顾客的满意度。但是它也有许多不足之处。自己经营海外仓，需要投入大量资金与人力，资金回笼的速度较慢，无形中增加了企业资金周转的难度。优点：一是大大缩短交货时间；二是提供良好的售后服务支持；三是增加了跨境电商销售商品种类；四是降低了运输成本；五是提供便利的售后服务，消费者可获得良好的购物体验。缺点：一是仓储成本高；二是库存控制难。

为了更加直观地将各物流渠道的优劣势进行对比，表 5 - 2 给出了各个跨境电商物流渠道的对比分析结果。从速度、清关能力、成本费用、安全性、产品种类、重量要求、信息跟踪定位、网络覆盖能力、便捷性、价格稳定性、售后服务以及顾客购物体验等指标维度展开对比分析，便于跨境企业根据自身产品和服务的特点，选择适合自身发展需求的跨境物流运作模式。

表 5 - 2　跨境电商物流渠道比较

指标	邮政包裹			第三方物流			跨境电商平台物流	
	邮政小包	国际 E 邮宝	EMS 际快递	国际快递	专线物流	海外仓	边境仓	海外仓
速度	最慢	较慢	较快	最快	较快	快	较快	快
清关能力	强	较弱	强	较强	较弱	较强	较弱	较强
成本费用	低廉	最低	较高	最高	最低	较高	最低	较高
交货期（以欧美为例）	20～30 天	7～12 天	5～7 天	3～5 天	4～10 天	1～3 天	4～10 天	1～3 天
安全性	较低	较高	较高	高	一般	最高	一般	最高
商品种类	较多	较多	较多	较少	一般	多	一般	多
重量限制	4 千克以下	2 千克以下	30 千克以下	不等	各线不等	较少	各线不等	较少
信息跟踪	差	好	较好	不等	最好	较好	最好	较好
网络覆盖	最广	很少	广	较广	很少	很少	很少	很少
手续是否便捷	简便	较简便	简便	简便	简便	较简便	简便	较简便
价格稳定	差	较好	较好	较好	较好	较好	较好	较好
售后服务	难	较难	较难	好	较难	最好	较难	最好
购物体验	差	较差	一般	较好	一般	好	一般	好

二、"四路建设" 不同跨境电商物流渠道的选择

不同的跨境电子商务物流具有各自的优缺点和使用条件，跨境电子商务交易方要根据自身交易方向、交易模式和交易品类的不同，选择合适的跨境电子商务

物流模式。

（1）不同交易方向下跨境电子商务物流模式的选择。跨境电子商务交易根据交易方向的不同，可分为跨境出口交易和跨境进口交易。这里所说的跨境出口和跨境进口，实际类似于传统国际贸易中的进出口业务，不同之处在于此时的进出口业务是通过电子商务交易平台实现的。对于跨境出口交易活动来说，由于需求发生在境外，因此邮政包裹、专线物流、快递物流和海外（边境）仓物流模式都可以选择采用；而对于跨境进口交易来说，需求主要来自于本国，可以采用邮政包裹、专线物流和快递物流等常用的跨境电子商务物流模式。

（2）不同交易模式下的跨境电子商务物流模式的选择。跨境电子商务交易根据交易主体的不同，主要表现为企业对企业（B2B）、企业对消费者（B2C）两种主要的交易模式。B2B跨境电子商务，主要是指企业与企业之间的跨境电子商务，大多应用于企业之间的采购与进出口贸易，具有交易量相对较大的特点。由于该种交易发生的交易量大，一般不适合采用邮政小包的模式，可选择采用邮政大包、跨境物流专线、海外仓、边境仓物流模式；对于B2C交易模式，它主要是指企业与消费者个人之间的跨境电子商务交易活动，其交易量呈碎片化特征，若没有严格的时间要求，邮政小包应该是最佳选择。当然，也可选择价格相对较高的快递物流模式。

（3）不同交易品类下跨境电子商务物流模式的选择。相关机构研究表明，我国跨境电子商务品类主要集中在服装服饰、3C电子产品、家居园艺和汽车配件等行业。对于服装服饰、3C电子产品，由于这类产品体积较小，交易量分散，可以采用邮政小包、专线物流、快递物流和海外（边境）仓等物流模式；而对于家具园艺、汽车配件等产品，则不建议采用邮政小包、快递物流的模式，其他专线物流、海外（边境）物流模式是其较好的选择。

综合以上分析，对于不同跨境电子商务物流模式的选择结果，具体汇总如表5－3所示。可知，跨境电商出口交易和进口交易分别有B2B和B2C两种模式，不同模式下使用不同性质和特点的产品，根据不同的产品类型，采用不同的跨境电商物流运营模式。

表 5 - 3 跨境电子商务物流模式综合选择决策结果表

跨境电子商务物流模式	跨境电子商务出口交易				跨境电子商务进口交易			
	B2B		B2C		B2B		B2C	
	服装服饰/3C电子产品等小件物品	家具园艺、汽车配件等大件物品	服装服饰/3C电子产品等小件物品	家具园艺、汽车配件等大件物品	服装服饰/3C电子产品等小件物品	家具园艺、汽车配件等大件物品	服装服饰/3C电子产品等小件物品	家具园艺、汽车配件等大件物品
邮政小包			√				√	
国际 E 邮宝	√	√		√	√	√		√
EMS 国际快递	√	√	√	√	√	√	√	√
国际快递	√	√	√	√	√	√		√
专线物流	√	√	√	√	√	√	√	√
海外仓	√	√	√	√				√
边境仓	√	√	√	√				

三、河南省"四路建设"跨境电商物流渠道的选择及对策

郑州跨境电商成为河南经济发展的靓丽名片,首创的"1210 模式"(网购保税进口)在全国复制推广,提升了河南对外开放水平。习近平总书记 2014 年 5 月 10 日考察郑州跨境贸易电子商务服务试点项目"E 贸易"时,发出了"买全球、卖全球"的号召。

河南(郑州)作为我国首批试点跨境电商省份(城市),自 2012 年以来,河南省电子商务发展一直保持良好势头,每年的增长率均保持在 20% 以上,尤其在 2013 年,其增长率达到了 43.8% 左右,因此也有很多专家学者将 2013 年称为"河南省电子商务元年"。2017 年,河南省电子商务交易总额再创新高,达到了 12535 亿元,较上年增长了 24.94%。河南省跨境电子商务的发展也得到了质的飞跃。2017 年,河南省在进出口交易总额跨越了 5000 亿大关,在全国排名第

十位且一直稳居中部六省第一名，这充分说明了河南省近年来在外贸发展中取得的巨大进步。与此同时，河南省跨境电子商务交易额也突破了 1000 亿元，达到了 1024.7 亿元，同比增长 33.32%，占河南省进出口交易总额的 19.6%，且对电子商务的贡献率为 8.17%。近几年来，跨境电子商务的发展突飞猛进，特别是 2016 年其呈现倍数增长，增长率达到了 146.82%。其中，2017 年新郑综合保税区进出口值为 3374.5 亿元，占河南省进出口总值的 64.5%，自 2016 年继续保持国内综合保税区第一名；航空港进出口总值为 498.1 亿美元，较上年增长 7.83%；郑欧班列进出口货值在 2017 年达到了 27.4 亿美元，增长率达到了 112.4%。截至目前，河南省大约有 180 多个电子商务园区，且这些园区大多数的主导产业是跨境电子商务；此外，在河南省商务厅备案的电子商务企业达到了 5909 家左右，其中接近 4000 家的企业都涉及跨境电子商务业务；目前，河南省企业及个人在各个类型的跨境电子商务平台上开设的店铺达到了 500000 家以上，由此带动的就业人数将近 500 万人。表 5-4 显示了河南省跨境电商物流领域的一些发展数据。可知，河南跨境电商交易年增长率连续 7 年保持两位数以上的增长速度，充分说明河南跨境电商的发展空间巨大，已经成为河南对外贸易的重要形式，进一步促进"四条丝绸之路"的健康发展。

表 5-4　河南省跨境电商物流发展指标数据

指标	2012 年	2013 年	2014 年	2015 年	2016 年	2017 年	2018 年
进出口贸易总额（万亿元）	0.348	0.403	0.437	0.496	0.479	0.522	0.551
跨境电商交易总额（万亿元）	0.018	0.022	0.026	0.034	0.077	0.102	0.127
跨境电商交易年增长率（%）	22.9	29.2	28.9	28.6	127	33.3	24.8
跨境电商占进出口贸易比率（%）	5.2	5.5	5.9	6.9	16.1	19.6	23.1
网购网民增长率（%）	24.8	24.7	20.6	24.5	25.5	10.2	14.4
居民消费水平（万元）	1.038	1.178	1.308	1.451	1.604	1.784	1.977
跨境电商进口交易规模（万亿）	0.007	0.008	0.01	0.012	0.029	0.026	0.036
跨境电商出口交易规模（万亿）	0.011	0.014	0.016	0.022	0.048	0.076	0.091
运输行业固定投资总额（亿元）	927.9	1201	1427	1937	1954	2498	3153
铁路运营里程（万千米）	0.49	0.49	0.52	0.53	0.56	0.54	0.55
公路运营里程（万千米）	24.96	24.98	24.99	25.06	26.74	26.78	27.42

续表

指标	2012 年	2013 年	2014 年	2015 年	2016 年	2017 年	2018 年
铁路货运周转量（亿吨公里）	2143	2153	1963	1700	1736	1966	2014
公路货运周转量（亿吨公里）	6863	4488	4822	4542	4838	5341	5893
跨境物流规模占物流市场规模百分比（%）	4.32	4.43	4.65	4.92	4.67	4.70	4.59
货邮吞吐量（万吨）（河南所有机场统计）	15.31	25.79	37.29	45.89	40.57	50.84	51.73
旅客吞吐量（万人次）	12.68	13.73	16.80	18.58	22.29	25.96	29.65
货邮吞吐量增长率（%）	46.28	68.53	44.60	23.05	-11.6	25.31	1.75

资料来源：河南省统计局网站。

河南省作为一个不沿海、不靠边的内陆省份，跨境电子商务之所以能够取得巨大的进步和发展，除了政府政策的支持是促进其发展的重要动力之外，跨境电商物流渠道模式的选择包括通关方式的优化，也是河南（郑州）跨境电商迅猛发展的重要原因。其中，不乏有代表性的企业如下。

（一）"陆上丝绸之路"的跨境电商物流渠道——郑州国际陆港

郑州国际陆港于 2013 年 6 月由郑州经济技术开发区管委会和河南物资集团公司联合组建，全面负责国际陆港的规划建设及郑欧班列的运营。公司成立以来，持续推进业务拓展，现有业务涵盖：国际货运代理；国内外多式联运（郑州—欧洲、中亚、日韩门到门服务）、集运（含集装箱拼箱）；跨境 E 贸易及电子商务、冷链物流等；汽车口岸建设及平行汽车进口业务等。目前，郑州国际陆港建设初具规模，主要设施有郑欧班列综合服务中心、多式联运海关监管中心、多式联运集疏中心、汽车整车进口口岸、郑州国际陆港跨境电商仓储物流中心、亚欧国际冷链物流集疏中心、进出口商品集疏交易中心等。

郑欧班列开行以来，开行班次、载货量每年以 20% ~30% 的速度递增，境内网络覆盖以郑州为核心 1500 千米、3/4 国土区域，境外网络遍布欧盟、俄罗斯及中亚地区 24 个国家 126 个城市，实现了对中亚和欧洲全覆盖。国内合作伙伴2300 多个，国外合作伙伴 800 多个。目前，保持每周去程八班、回程八班常态化开行，正在向每周去程九班、回程八班过渡提升，成为"陆上丝绸之路"重要载体。

历经五年的运营，郑州国际陆港业务功能不断完善，郑欧班列成为国内唯一实现多口岸、多线路、高频次常态往返均衡对开的班列，去程回程满载率、运载总货值货重及业务覆盖范围在中欧班列中居领先地位，是国内中欧班列中唯一实现了长运距（10000 千米以上）国际冷链业务常态化，实现境内境外全程"门到门""一单制"服务，具有自主产权班列业务全线上操作综合服务信息平台，全面实现一体联动、信息速达、快捷高效的"数字班列"，综合运营能力市场化程度领先，为河南参与"一带一路"建设提供了强力支撑。

陆港公司在做大做强郑欧班列的同时，持续拓展多式联运枢纽建设，2016 年获得国家首批多式联运示范工程。依托郑欧班列国际物流通道和郑州国际陆港对外开放平台，积极走"以运带贸，运贸一体"发展之路，陆港跨境电商通关服务平台和"班列购"（banliego.com）跨境贸易电子商务平台相继投入运营，汽车进口口岸、粮食进境指定口岸业务在国际陆港快速拓展，多温带冷库、冷藏集装箱等各种冷链设施初具规模并荣获"中国冷链百强企业"。郑州国际陆港作为与郑州航空港一体联动、相互补充的陆上交通枢纽，是郑州提供内陆地区对外开放的重要平台。

（二）"空中丝绸之路"的跨境电商物流渠道——航投臻品

河南航投物流有限公司（以下简称"航投物流"）成立于 2013 年 3 月 15 日，注册资金 6000 万元，是河南民航发展投资有限公司（以下简称"河南航投"）独资成立的航空物流企业。经营范围涉及货运代理、保税仓储服务、区域配送、航空运输销售代理、进出口贸易等领域。

航投物流主要承担河南航投发展航空物流的重任，承载河南航投助推郑州航空港经济综合实验区建设和中原经济区建设的历史使命。公司遵照"经营和管理并举，业务和规划同行"的发展理念，积极开拓业务，创新商业模式，不断探索航空物流集成商发展之路。紧紧围绕"以贸促物，以物兴航，以融助产"的发展思路，以"新鲜卢森堡"项目双向跨境 E 贸易为发力点，以保税仓、物流产业园为支撑，以河南航投遍布全球的洲际航线为依托，积极融入"一带一路"

建设，努力把自身打造成为商业模式独特、管理水平先进、核心竞争力突出、持续盈利能力强的大型现代化航空物流企业。

航投臻品是由河南航投物流有限公司于 2014 年投资创办的 B2C 跨境电子商务网站。航投臻品以快捷的航空运输，高品质的质量保证，让顾客买得放心，用得安心。以固有的特色，强大的优势开启"跨境购物"新时代。郑州到卢森堡的货运航线架起了河南通往欧洲的空中丝绸之路，货运航班 10 个小时即可到达，同时商品欧洲进口，符合严格的欧盟质量标准并且件件精挑细选，经过第三方机构检测，再接受海关监管、商检部门检验，多重保障。

2017 年 9 月 26 日，为使郑州—卢森堡的这条"天路"成为引领中部、服务全国、连通亚欧、辐射全球的空中经济廊道，《郑州—卢森堡"空中丝绸之路"建设专项规划（2017—2025 年)》（以下简称《专项规划》)、《推进郑州—卢森堡"空中丝绸之路"建设工作方案》（以下简称《工作方案》)正式出台。根据《专项规划》，郑州和卢森堡将以航空网络为依托，拓展覆盖区域和合作领域，构建"双枢纽、多节点、多线路、广覆盖"的发展格局。同时，完善多式联运体系，加快建设便捷顺畅的空铁、陆空联运设施，实现高铁与航空无缝对接，推进郑州机场多式联运中心规模化运营，形成全国性"空空＋空地"集散中心。

经过多年发展，卢森堡货航在郑州的航班密度由最初的每周 2 班加密到 2018 年的每周 18 班，通航点也由原来的 3 个增加到包括芝加哥、亚特兰大、伦敦、吉隆坡、新加坡等全球 14 个城市，航线覆盖欧洲、美洲和亚洲的 23 个国家 100 多个城市，经济效益不断提升。2014～2018 年货运量以 10 倍的速度发展，累计为郑州机场贡献国际货运量将近 50 万吨。四年来，共实现利润 4 亿美元，对郑州机场货运增长量贡献达到了 79%。货运种类也由单一传统轻工业品，发展到高精尖的精密仪器、活体动物等 10 余大类 200 多个品种，累计国际货运量、国际货运航线数、航班数量、国际通航点等主要指标稳居郑州机场首位，带动郑州机场货邮吞吐量跻身全球 50 强。

（三）"网上丝绸之路"的跨境电商物流渠道——河南保税物流中心

2010 年 1 月 7 日，河南保税物流中心成立，它是河南省重要的外向型经济服务平台。河南保税物流中心位于郑州经济技术开发区，并经过国家海关总署四部委联合批准承建河南首家 B 型保税物流中心。它位置的优越性体现在几乎覆盖我国中西部、西南以及华南 2/3 的人口，并与郑州东区建设规划相辅相成，这个经济区域使金融、物流、仓储、加工、展示等功能融为一体。公司于 2010 年取得了"河南保税物流中心（B 型）"的运营资质，并享有进口入区和出口入区退税的特殊优惠政策。它拥有 310 亩地的封关运营区，3 万平方米的堆场，6 万平方米的保税仓库，3 万平方米非保税仓库，360 度无盲区监控，完善的安全监管系统，大型吊装设备等一应俱全，科学规范的管理和完善的基础设施被国家四部委称为全国先进的封关运营区域。

（1）河南保税物流中心的基础业务。开展的保税物流业务包括保税、仓储、国际贸易、中转贸易、物流配送、分装、分拣等；非保税业务包括仓储、分拣、分拨、货代、进出口代理、一般物流服务、金融服务（仓单质押）等。保税物流中心入驻进出口贸易企业和物流企业已达上百家，带动了相关产业增益巨幅提升，并打通了内陆地区对外贸易出海口，成为了中部对外开放桥头堡。

（2）河南保税物流中心的核心业务。保税物流中心的核心业务主要有 E 贸易、保税贸易业务、仓储物流业务、综合物流业务等。

E 贸易业务。2015 年 11 月 27 日，郑州 E 贸易顺利通过由海关总署和国家发改委等单位的国家验收，成为全国最具创新型和复制推广最成熟的商业模式。E 贸易模式，是指通过货物直接进"保税物流中心"，实现"保税物流"由原来的 B2B 服务模式延展至 B2B + B2C 两种服务模式，即 B2B2C 模式。E 贸易业务也成为保税物流中心的核心业务，它是公司的特色业务，更是创新业务。依托政策平台，建立以信息技术为支撑的平台型综合服务单一窗口——"E 贸易"，尤其是 E 贸易跨境 O2O 电商平台（中大门 O2O），是中部地区唯一的跨境电子商务平台。目前，中大门有来自全球 55 个国家、5 万多种海关备案的货源。中大门在服务消费者方面得到社会各界的称赞，一是更快捷，"保税直购"的通关模式，大大缩短通关时间，以前需要 20 天左右的物流时间现在仅需 7 天，缩短了一半以上。二是更放心，质量和售后有保障，消费者在中大门保税直购体验中心购买的境外货物，统一遵循我国的商品售后条款。三是更便宜，中大门保税直购体验中心采用"前店后库"的模式，通过与厂商建立直接联系减少中间流通成本和环节，因此售价也更为便宜。价格比商店低 20% ~ 55%。

自 E 贸易开始实行以来，多家知名电商平台入驻河南保税物流中心，如小红书、聚美优品、网易考拉等等，这些企业都从 E 贸易中得到了蓬勃发展。全球最大的移动 APP 社区电商企业——小红书在上海、深圳、香港都有生产基地，但郑州一直是其当仁不让的"主战场"。小红书保税仓物流全过程如下：第一，海外商品首先需要在海关处备案，商品经严格的商品检验检疫通过后，被允许销售。第二，采购团队去进行采购，通过国际物流运输到机场/港口。在与机场/港口海关交接后，货物被装进海关监管车，送入保税仓。第三，到达后，保税区海关人员会对监管车开关锁/盖监印。关锁为一次性，有唯一号码，证明这些货物在过程中密封完好。第四，从监管车上卸货，进入仓库待检区，清点、报关、对品名和数量进行查验。第五，报过关的商品就可以上架了。第六，用户在 App 端下单之后，该信息首先会被推送给海关商检系统（所以用户需要填写身份证信息），经过海关审批和商检审批之后，即可分检和包装。第七，商品出库之前，海关部门还会对包装好的商品进行监装和随机商品抽查，确保装进去的商品和订单是符合的。第八，由快递车运出保税区，并最终送抵用户手中。

保税贸易业务。河南保税物流中心 2008 年开通郑州至巴黎的航空货运航线。这条货运包机航线的开通将会改变现有的航空货运市场格局，打通中国（以郑州为中心）对法国（以法国为中心向整个欧盟辐射）进出口货物新的物流渠道，开辟出一条"让世界的产品走进中原，让中原的产品走向世界"的空中最佳通道。针对河南支柱产业的皮革、棉花、棕榈油、天然橡胶四个重要的战略物资进行市场整合，采用集中采购的方式替代传统的分散进口方式，初步实现以河南保税为中心的采购分销中心和贸易交割平台，并逐步成为郑州商品交易所期货交易交割平台和现货交易交割电子交易平台。具体提供国际采购，国际转口贸易等服务。

仓储物流业务。河南省进口物资公共保税中心的保税仓库是对各种进口物资及机械设备实行进区免税存放服务（最长存放期 2 年），有效缓解企业的资金压力并实现进口物资期货汇存功能。区内按照"境内关外"模式管理，从境外运入保税区或保税区运往境外的货物，免征海关关税、增值税、消费税；对保税区与境外之间进出的货物，不实行进出口配额、许可证管理。实行"一次申报、一次审单、一次查验",与境外出入货物实行备案制,与境内出入货物实行报关制,方便企业货物快进快出,实现"秒通关"。

综合物流业务。除可以提供保税仓储、保税物流、保税贸易的服务外,河南保税中心还可以提供国际会展、融资服务、通关通检等综合服务。此外,还具有综合各种物流方式和物流形态的作用,可以全面处理包装、装卸、储存、搬运、流通加工、不同运输方式转换、信息、调度等工作。

河南保税集团提供的统计数据显示,自 2013 年 7 月 15 日开始实货测试至2019 年 3 月底,郑州试点累计验放进出境商品包裹共计 3.04 亿单,税收贡献近50 亿元;园区海关备案企业 1217 家,法人注册企业 105 家,园区上市企业 9 家,间接服务 4 万多家企业,辐射全球 196 个国家和地区,服务近 6000 万终端消费者、社会零售总额近 400 亿元、物流贡献近 30 万吨、投资拉动近 200 亿元、带动就业 5 万余人次。

(四) 郑州跨境电子商务综合试验区的物流渠道创新

中国(郑州)跨境电子商务综合试验区于 2016 年 1 月 6 日进入国家综合试点,同时获批的还有天津、上海、重庆等其他 11 个试点。中国(郑州)跨境电子商务综合试验区主要包括以河南保税物流中心为核心区域的跨境贸易电子商务园区,及政府布局发展跨境贸易电子商务的新郑综合保税区、出口加工区、航空一类口岸、铁路一类口岸、邮政口岸等区域。

按照国务院要求,《中国(郑州)跨境电子商务综合试验区建设实施方案》明确把做大做强 B2B 作为主攻方向,以促进产业发展为重点,进出口并重、以出口为主,着力构建跨境电商线上综合服务、线下综合园区、人才培养暨企业孵化"三平台",构建信息共享、金融服务、智能物流、信用管理、质量安全、统计监测、风险防控"七体系",创新提出了促进产业发展、优化监管措施、完善综合服务、促进创新创业、探索跨境电商新规则等发展举措。综合试验区建设以郑州市为核心先行先试,在全省渐次推开。

郑州在发展跨境电商产业方面具有明显的区位优势,是"一带一路"重要节点城市,已经形成以郑州为中心的中原城市群"半小时经济圈"、中原经济区"1 小时经济圈"和全国"3 小时经济圈"。一是郑州"网上、空中、陆上、海上"四条丝绸之路建设成绩突出。跨境电商进口产业链已经形成,枢纽地位突出,陆运优势独特,航空条件优越,功能性口岸众多。二是跨境电商进口率先突破,创新监管模式,打造载体平台,创新跨境电商O2O现场自提和"一区多功能"商业模式。三是跨境电商B2B出口潜力巨大,汽车和装备制造、纺织服装、电子信息、新材料、食品加工、手工艺品等产业优势明显,具备发展跨境电商B2B出口的良好基础与发展潜力。郑州充分发挥国家中心城市和河南自贸区"两体系一枢纽"战略定位优势,持续提升城市吸引力、辐射力和带动力,以"放管服"为突破口,持续优化环境,持续简政放权,提高办事效率,提升服务质量,营造国际一流的营商环境和发展环境;以高水平引资、引技、引智为重点,培育壮大市场主体,鼓励开放型企业进一步做大做强,构建全球开放性生产、营销、物流、金融平台体系,提升河南在全球物流链、供应链、产业链、贸易链、价值链的地位和影响力。

郑州跨境电商综试区物流的创新。首先,全国首创网购保税进口1210模式。郑州跨境电商试点首创的"保税区内备货 + 个人纳税 + 邮快递终端配送"监管服务模式,解决了全球跨境零售(B2C)交易模式遇到的企业清关难、成本高、政府税收流失和消费者权益无法保障等诸多难题,被海关总署赋予1210代码(也称为"B2B2C监管模式"),并在全国复制推广。其次,提升通关时效,创新全流程解决方案。跨境电商的关键环节是物流,物流的关键环节是关务,作为1210监管模式的发源地郑州最核心的竞争力是解决了跨境电商"卡脖子"的通关环节,进出口通关服务时效全国领先。最后,拓展上下游服务链条,为跨境电商企业提供交易撮合、物流供应链、金融供应链、展览展示、O2O、教育培训等全流程服务方案。

随着跨境电商向纵深领域的发展,郑州又深化创新出"一区多功能"、"一店多模式"、"跨境网购 + 实体新零售"、"综合贸易单一服务窗口"、跨境电商进口药品试点等,除继续创新海关监管模式外,更侧重于解决跨境电商发展过程中国内财税、外汇管理等领域的深层次问题。综试区吸引了知名跨境电商产业链企业在豫布局,阿里巴巴中西部区域跨境电商服务中心、京东亚洲一号智能物流项目落地,聚美优品、网易考拉、有棵树、Pingpong等知名企业相继落户并迅速开展业务;UPS、DHL、联邦快递、新西兰邮政、中通、申通等物流企业不断扩大业务；世界工厂网、中大门、世航之窗、万国优品、全速通、易通等本土跨境电商企业不断壮大。河南保税物流中心备案企业 1200 家，服务企业 4 万多家，业务辐射全球 196 个国家和地区；新郑综合保税区建成保税仓库 14 栋共 27.6 万平方米，集聚京东、唯品会、菜鸟等 64 家企业。2017 年郑州跨境电商进出口清单 9128.7 万票，同比增长 59.1%；货值 113.9 亿元，同比增长 71.7%；进口清单 7366.9 万票，同比增长 32.7%；出口清单 1761.8 万票，同比增长 8.5 倍；与跨境电商相关的税收增加超过 200%。2017 年郑州综试区海关备案企业已达 1112 家，法人注册企业 105 家，全国排名前十的交易平台和物流平台全部入驻，上市企业 9 家，产业生态圈蔚然成型。2018 年，郑州海关共监管跨境电商零售进出口清单 9507.3 万票，货值 120.4 亿元，同比分别增长 4.1% 和 5.7%。其中，出口 1793.0 万票，货值 8.2 亿元，进口 7714.3 万票，货值 112.2 亿元。

伴随着 "一带一路" 倡议以及国家政策的支持，河南省跨境电子商务与跨境物流发展迅速，在促进跨境电商企业发展的同时，对跨境电子商务物流系统的及时性要求也随之提高。但是，在实际操作中，跨境电子商务企业的物流体系存在着运输成本高、运输和配送周期长等问题。为了抓住 "一带一路" 的发展机遇，构建河南跨境电子商务企业的物流系统，要根据存在的相关问题提出相应的政策建议。

（1）跨境物流的发展与跨境电子商务需求匹配度低。目前，河南省跨境电子商务发展迅速，发展势头良好，跨境电子商务的需求度较高，但是与之形成对比的是，跨境物流的发展速度缓慢，难以满足跨境电子商务的高需求。跨境电子商务活动涉及跨国界的运输、仓储和清关等方面，而跨境电子商务模式的日渐成熟，必将对跨境物流的各个环节要求更高。为了减少消费，在运输过程中尽可能快、低成本，这既要求建立高效、有效、合理的物流体系，又需要更先进、更完善的物流设施。但是，河南物流起步较晚，整体物流环境相对较差，各种配套设施还有待完善，与不同运输方式相联系的交通枢纽也较少。

（2）物流体系基础较为薄弱，物流模式单一。河南（郑州）已被列为 2016 年跨境电子商务综合试验区的 12 个城市之一，但与同期建立的跨境电子商务试点城市相比，河南省跨境电子商务与这些地区的发展仍有很大差距。河南省大部分跨境电子商务物流企业仍然只有简单的运输、仓储和加工。整体多式联运系统尚未完全形成，物流系统信息化水平不够完善。

（3）配送周期长且配送成本较高。与普通物流配送相比，跨境电商物流的产业链和环节相对较长，主要包括国内物流、国内海关、国际运输、国外物流、国外海关等多个环节，配送还需要增加仓储配送等环节，还要加上清关和商检的时间，这使跨境电商物流所需时间要远远多于国内电商物流所需的时间。跨境电子商务物流这些烦琐的手续，使配送时间周期通常需要一周甚至一个月的时间，而在购物旺季所需时间则更长，配送的周期相对较长，严重影响了海外顾客的消费体验。

要提高河南（郑州）跨境电商物流渠道的效率，可以从以下四个方面进行推进。

第一，要进一步优化跨境物流体系，采用多式联运、背驮运输、梭式运输、区港联运等先进的运输方式。采用先进的运输方式，将航空运输、海洋运输、铁路运输、公路运输等单一的运输方式有机结合起来，形成"铁公机海"四港联动的运输方式，将会有利于提高郑州航空港经济综合实验区整体的运行效率。

第二，要加快跨境电子商务智能物流体系建设。利用河南省保税中心跨境 E 贸易产业园、"一带一路"重要城市、郑欧班列等优势，加快建立现代化的国际物流中心。

第三，发展现代跨境电商物流及仓储体系。对于货物配送周期长且配送成本较高的问题，我们需要发展现代跨境电商物流及仓储体系。通过衔接物流和仓储，提高货物运输的效率。

第四，要建立跨境电商与跨境物流信息共享机制。要探索建立跨境电商与跨境物流信息共享机制，依托"单一窗口"综合服务平台，统一信息标准规范、信息备案认证、信息管理服务，为跨境电商信息流、资金流、货物流"三流合一"提供数据技术支撑。

第六章 河南省"四条丝绸之路" 发展现状及问题

一、空中丝绸之路越飞越广

（一）航线航点

自 2015 年 12 月 22 日，郑州新郑国际机场二期扩建工程正式投运以及 2016 年第二跑道的启用以来，郑州机场已建成 T1、T2 两个航站楼，总面积 62 万平方米，运营有 55 家客运航空公司，208 条客运航线，116 个客运通航城市，客机停机位 149 个；21 家货运航空公司，34 条货运航线，40 个货运通航城市，货机停机位 9 个，保障能力可达年旅客吞吐量 4000 万人次；货邮吞吐量 70 万吨。同时，郑州机场拥有基地航空公司 5 家，分别为中国东方航空、西部航空、东海航空、祥鹏航空、卢森堡航空（纯货运）。航空港航线逐步增加，航点布局逐渐完善，网络覆盖能力逐步提高。

（二）业务数据

空中丝绸之路作为河南省对外开放的主平台，在河南省委省政府以及国家民航局的支持下，河南省机场集团采取了一系列行之有效的举措，提升了郑州机场"网络通达性、通关便利性、保障基础性"的核心竞争力，在推进枢纽建设等方面取得了显著成绩，年度客运、货运规模、起降架次持续稳定增长，充分说明郑州空港型国家物流枢纽的优势逐渐加强,如表6-1所示。

表6-1　河南机场集团客运、货运增长情况

年份	旅客吞吐量（万人次）	同比增长（%）	货邮吞吐量（万吨）	同比增长（%）	起降架次（万架次）	同比增长（%）
2013	1314.00	12.6	25.57	69.1	12.78	17.0
2014	1580.54	20.3	30.04	44.9	14.77	15.5
2015	1729.74	19.4	40.33	8.9	14.45	4.6
2016	2076.32	20.0	45.67	13.2	17.81	15.3
2017	2429.91	17.0	50.27	10.1	19.57	9.9
2018	2733.00	12.5	51.50	2.5	20.88	7.1

资料来源:《河南省统计年鉴》。

(三) 全国地位

近年来,河南机场集团紧紧围绕构建"国际航空货运枢纽和国内大型航空枢纽"的目标,积极实施"货运为先、国际为先、以干为先"的"三为先"发展战略,客货运输取得了快速发展,货运量规模连续两年稳居全国第七位,客货运规模位居中部地区"双第一"。基本形成了横跨欧美亚三大经济区、覆盖全球主要经济体的枢纽航线网络,成为中部地区融入"一带一路"的重要开放门户和引领中部、服务全国、辐射全球的空中经济走廊。

其中,货运方面,作为空中丝绸之路的主力军,河南机场集团采取了一系列的举措支持和提升郑—卢"空中丝绸之路"建设,加密航线航班,逐步扩大以郑州为中心,"一点连三洲,一线串欧美"的航空国际货运网络,进一步提升口岸功能;通过强化运力引进、增强货运集疏、拓展航线网络。截止到2018年底,在郑州机场运营的货运航空公司21家（国内6家,国际15家）,开通货运航线34条（国内5条,国际29条）;通航城市40个（国内12个,国际28个）。物流集聚效应凸显,增强了航空货运持续发展的内生动力。2018年仅承运的一个服装品牌就有1.7万吨,同比增长89%;集疏的国际快邮件1.9万吨,同比增长10.4%;累计保障的电子产品同比增长18%。

客运方面，郑州机场以扩大时刻容量、拓展国内、国际航线网络为重点，持续加快基地建设，进一步扩大郑州机场客运规模，新引进 5 家客运航空公司，总数达 55 家，新开客运航线 39 条，总数 208 条（其中洲际 4 条，亚洲区域 23 条），新增通航城市 19 个，总数达 116 个。不断加大过夜运力的投放，至 2018 年底，郑州机场过夜运力已突破 50 家；联合 5 家机场、9 家航空公司共同成立 "豫—西北机场中转联盟"，巩固提升中转优势，市场吸引力进一步增强，核心竞争优势逐渐形成。

（四）核心竞争力

一是郑州机场第二跑道的启用，使其成为中部地区唯一拥有双航站楼双跑道的机场，实现公路、铁路、地铁、城际铁路、高铁 5 种交通方式无缝衔接的中国体量最大的综合交通枢纽中心；二是郑州机场由飞行区 4E 升级 4F（为最高等级），成为中国第 12 个 4F 等级机场；三是郑州新郑国际机场是国家一类航空口岸，拥有水果、冰鲜水产品、食用水生动物、冰鲜肉类、澳洲活牛进口以及国际邮件经转等多个特种商品进口指定口岸，成为国内进口指定口岸数量最多、种类最全的内陆机场；四是作为支撑，河南省电子口岸中心、口岸作业区、跨境电商信息平台等支撑体系已建成投用，实现了 "一次申报、一次查验、一次放行"与 "区港联动"；五是郑州机场已实现落地签，开通了海关快件监管中心，获批 13 个国家邮包直封权，实现 7×24 小时预约通关。郑州机场服务运输的货物种类由过去单一的普货发展到目前的冷链、快件和电商等 20 多类。

二、陆上丝绸之路越跑越快

（一）路线分布

从 2013 年 7 月 18 日首趟中欧班列（郑州）从郑州圃田车站始发开始，目前河南 "陆上丝绸之路"有中欧班列（郑州—汉堡、郑州—慕尼黑）、中亚班列

（洛阳—哈萨克斯坦多斯托克、新乡—哈萨克斯坦多斯托克、郑州—乌兹别克斯坦塔什干）、中比班列（比利时列日通过铁路与河南郑州相连接）、中越班列（经广西凭祥口岸至越南河内）等多条线路，构筑起河南"陆上丝路"的"大家族"。"陆上丝路"路线有序增加，分布亚欧大陆，覆盖范围逐渐扩大，与其他班列协同发展优势明显加强。

（二）业务数据

郑欧班列发展迅猛。数据显示，2013 年开行 13 班，总货值 0.48 亿美元、总货重 0.94 万吨；2014 年每周"去一回一"，全年开行 87 班，总货值 4.3 亿美元、总货重 3.61 万吨；2015 年每周"去二回二"，全年开行 156 班，总货值 7.14 亿美元、总货重 6.35 万吨；2016 年每周"去三回三"，全年开行 251 班，总货值 12.94 亿美元、总货重 13 万吨；2017 年每周"去八回八"，全年开行 501 班，总货值 27.38 亿美元、总货重 26.16 万吨；2018 年全年开行 752 班，货值超过 32.3 亿美元，货重 34.68 万吨（见图 6 - 1 和图 6 - 2）。2013～2018 年开行数量稳步增加，货值也呈现快速增长趋势，郑州班列班次数目逐年增加，但去程数量整体大于回程数量，存在一定的不均衡。

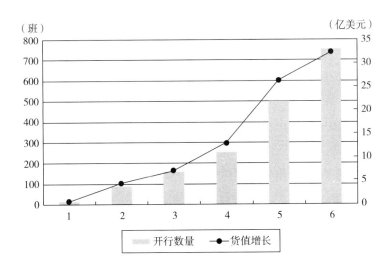

图 6 - 1　中欧班列（郑州）开行数量情况及货值增长情况

资料来源：郑州国际港官网。

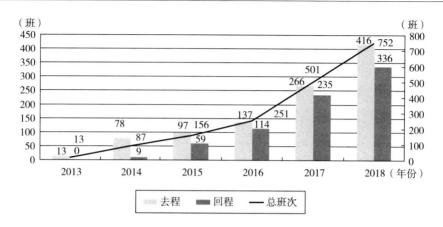

图 6 - 2　郑欧班列运行班次

资料来源：郑州国际港官网。

（三）全国地位

在全国开行的班列中，中欧班列（郑州）不是开跑最早的，但却实现“弯道超车”。从开行初期的每周“单趟对开”到如今“九去八回”，中欧班列（郑州）已成长为国际货运班列中的“佼佼者”。

目前，中欧班列（郑州）境内境外双枢纽和沿途多点集疏格局日渐完善，“东联西进”覆盖辐射范围持续扩大。在境内，中欧班列（郑州）的货源地已覆盖全国 3/4 的省份，集货半径达 1500 千米，境内合作伙伴达 2300 多家，形成了以郑州为中心的境内枢纽。在境外，郑州向东，通过公—铁—海—空联运与日、韩等亚太国家建立了合作；郑州向西，以汉堡为枢纽，以巴黎、米兰、布拉格、华沙、马拉舍维奇、布列斯特等为二级集疏中心的物流网覆盖了欧盟国家和俄罗斯。目前，中欧班列（郑州）网络遍布欧洲和中亚地区 24 个国家、126 个城市，境外合作伙伴达 780 多家。

（四）核心竞争力

自开通以来，中欧班列（郑州）发展日新月异。从最开始找货源出门揽货，到客户“送货上门”，再到现在客户直接在订舱系统上“订舱”，在平台系统提交资料，把货物交给陆港公司当"甩手掌柜"即可。

中欧班列（郑州）高频往返均衡对开的核心技术是科技信息板块的带动。目前，中欧班列（郑州）已成为中欧班列中信息化程度最高的"数字班列"。陆港公司综合利用互联网等网络技术，自主研发了网络订舱服务平台、集装箱管理系统等 30 多个配套信息系统。

数字化信息系统为中欧班列（郑州）"硬实力"多元化夯实基础。2016 年，郑州国际陆港公司"一干三支"海公铁多式联运项目被国家交通部和发改委联合评为国家首批多式联运示范工程，陆港公司通过硬件建设，业务集聚，形成陆上丝绸之路重要枢纽节点。除开展整柜、拼箱业务外，依托特色口岸的汽车进口、跨境电商、冷链物流等业务已常态化开展。

三、网上丝绸之路越来越便捷

（一）业务数据

（1）业务单量保持高速增长。近几年，河南跨境电商业务量始终保持爆发式增长，在全国占比中始终名列前茅。自 2013 年 7 月 15 日开始实货测试至 2018 年 12 月底，郑州试点累计验放进出境商品包裹共计 2.85 亿单，货值 301.32 亿元。河南省跨境电商进口额占全国的比重如图 6-3 所示，呈现逐年增加趋势，河南跨境电商发展势头良好。郑州市在全国跨境电子商务网购保税进口模式数据排名第一位，充分说明跨境电商"郑州模式"的优势，如图 6-4 所示。

（2）参与企业稳步扩大。试点开始之初，园区入驻企业仅有 86 家；目前园区海关备案企业已达 1112 家，法人注册企业 105 家，全国排名前十的贸易平台和物流平台全部入驻，上市企业 9 家，产业生态圈蔚然成型。

（3）买全球、卖全球取得阶段性成果。截至 2018 年底，进口商品来自世界73 个国家，其中韩国占比 28.83%，日本占比 26.98%，美国占比 10.80%，法国占比 8.63%，澳大利亚占比 6.84%；出口商品发往 206 个国家，其中美国占

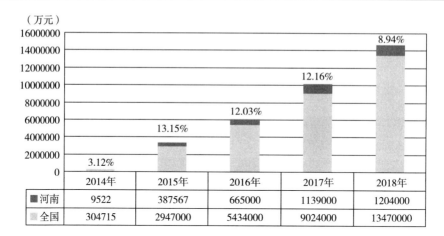

图6-3 河南跨境电商进口额全国占比

资料来源：根据《河南省统计年鉴》和《国家统计年鉴》整理得到。

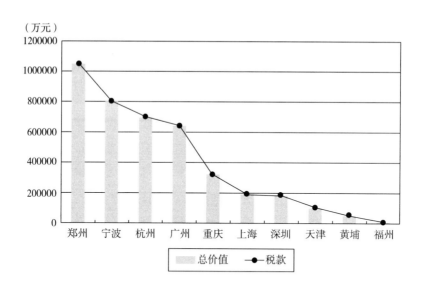

图6-4 全国跨境电子商务网购保税进口模式数据（前十名）

资料来源：根据《河南省统计年鉴》和《国家统计年鉴》整理得到。

比44.26%，俄罗斯占比23.84%，加拿大占比3.65%，法国占比3.44%，英国占比3.38%。

(二) 全国地位

(1) 业务量在全国名列前茅。2018 年通过海关跨境电子商务管理平台零售进出口商品总额 1347 亿元，增长 50%。2018 年，郑州海关共监管跨境电商进出口清单 9507.3 万票，进出口商品总值 120.4 亿元。河南跨境电商业务量占全国 9%。

(2) 各级政府高度重视。习近平总书记、李克强总理、张德江委员长等党和国家领导人的莅临指导并高度认可。

(3) 成为全国学习观摩典型。目前累计接待国内外政商考察团 10 万余人，提升河南对外开放度，成为河南经济发展的靓丽名片。

(三) 核心竞争力

(1) 强大的通关能力和全流程解决方案。跨境电商的关键环节是物流，物流的关键环节是关务，作为 1210 监管模式的发源地，河南最核心竞争力是解决了跨境电商"卡脖子"的通关环节，进出口通关服务时间全国第一。同时，拓展上下游服务链条，为跨境电商企业提供交易撮合、物流供应链、金融供应链、展览展示、O2O、教育培训等全流程服务方案。

(2) 持续不断的创新能力。创新能力是河南跨境电商保持高速增长的不二法宝：全国首创 1210 通关监管模式并推广全国；成功创新的"关检三个一""查验双随机""跨境秒通关"成为行业复制的模板。此后，随着跨境电商向纵深领域的发展，河南又深化创新出"一区多功能"、"一店多模式"、"跨境网购 + 实体新零售"、"综合贸易单一服务窗口"、跨境电商进口药品试点等，除继续创新海关监管模式外，更侧重于解决跨境电商发展过程中国内财税、外汇管理等领域的深层次矛盾。

(3) 理论和实践探索，提升河南跨境电商的话语权。一是理论层面，成立 EWTO 研究院。研究院聘请龙永图先生为名誉院长，并集合全球高级智库，保证郑州创新和郑州业态发展成河南对外开放的高地，并推动"郑州模式"的全球复制推广。二是搭建国际交流平台，每年 5 月 10 日举办全球跨境电子商务大会，提升河南跨境电商的国际话语权。三是打造发展样板——EWTO 核心功能集聚区。该项目具有促进全球对话、助推中国走进世界舞台中心、内陆发展崛起示范标杆的平台型功能，也是河南郑州积极落实党的十九大精神的战略举措。

四、海上丝绸之路越来越顺畅

河南省不断加强与沿海港口合作，建设海铁联运国际国内大通道，保证国际物流供应链的畅通，形成海陆空网四位一体的交通运输网络布局，增强郑州国际物流中心的核心竞争力。

郑州铁路局联合海关、青岛港、连云港等在郑州集装箱中心站设立了"铁海联运服务中心"，通过铁路货场与沿海港口的信息、业务、操作等无缝对接，将码头功能成功延伸到铁路场站，实现了沿海港口业务前移，打造出铁路"无水港"。

自 2015 年郑州至连云港、青岛、天津等港口的海铁联运班列开行以来，已累计运行近 400 班。与此同时，全省内河水运与沿海港口也进行了无缝衔接，全省已建成沙颍河、淮河两条通江达海内河高等级航道，有效连接上海等"海上丝绸之路"重点港口。

2019 年 1 月 8 日上午，首趟"中原号"班列驶出晋豫鲁铁路濮阳东站直奔天津港，为我省连通"海上丝绸之路"再添新通道。近年来，濮阳外向型经济发展迅速，去年外贸进出口完成约 53 亿元，进出口货物约 200 万吨。但长期以来，由于海关商检机构缺失和交通瓶颈制约，濮阳进出口货物只能依靠公路运转至港口报关，效率低、成本高。作为濮阳"无水港"建设的先导性项目，"中原号"班列一举改变单一的国际货运出海运输方式，开辟了濮阳及周边地区货运出海新通道。

五、河南省推进"四路建设"现状分析

(一) 国家区域性建设与"一带一路"对接

1. 粮食生产核心区建设与"一带一路"倡议对接

河南省是全国人口、农业、粮食生产大省,粮食生产核心区建设是河南省发展的重要战略,粮食生产涉及国家粮食安全问题,是实现农业现代化、工业化、城镇化协调发展首要问题。粮食生产核心区建设不仅是提高粮食产量问题,而且全面涉及粮食生产的全产业链,从基本农田建设、水利设施、农用物资、农业科技、粮食加工储存销售、农业生态环境、农业科技研发、土地流转、农业金融、农业经营主体培养、农村社区发展、粮食贸易定价和食品安全等。"一带一路"倡议为河南省粮食核心区建设提供了新的发展机遇,为粮食经营企业提供更为广阔的国际市场,通过"一带一路"倡议,河南可以与中亚、东欧国家通过粮食产业建立合作关系,利用现有的资源开拓国际粮食产业,以郑州粮食交易所为基础,培育一批有国际竞争力的粮商,努力构建基于国内、国际两个市场的国家粮食安全的新格局。

"一带一路"倡议将推进农业的信息沟通和信息共享,便于农产品的运输。将农业合作纳入"一带一路"倡议合作框架后,河南省可以与中亚、欧洲国家加强科技创新、节水、农业、畜牧业、可再生能源等方面的合作。"一带一路"半数以上沿线国家适合农业合作,市场空间巨大,但是农业资源相对贫乏、农业技术、生产设施相对落后,适宜农业投资,其中,种子、动保、农技服务、农机等领域有着广阔市场。相对于"一带一路"沿线国家,河南省具备输出资金、技术、人才的能力,通过大型粮食企业走出国门,构建我国的海外屯田,建立国际粮食生产、调剂的战略支撑点。"一带一路"倡议为河南省粮食核心区建设提供新的发展视野,河南省在粮食生产中要立足自我、勇于拓展,提高河南省在国际粮食的地位,在期货、贸易、种业、定价方面提高话语权。"一带一路"倡议的实施，将会推进河南省农业经营模式的转型和升级，传统小农对接国际农产品市场会显得力小从心，农民合作社、现代家庭农场、农业企业将成为未来农业生产的主体。"一带一路"倡议的规划下，河南省粮食有了走出去的机遇，但也要面对国外农产品的挑战，构建新形势下农业支持保护政策、提高农业竞争力，是河南也是全国面临的考验。

2. 中原经济区建设与"一带一路"倡议对接

《中原经济区规划》指出：中原经济区是以全国主体功能区规划明确的重点开发区域为基础、中原城市群为支撑、涵盖河南全省、延及周边地区的经济区域，地理位置重要，粮食优势突出，市场潜力巨大，文化底蕴深厚，在全国改革发展大局中具有重要战略地位。中原经济区的战略定位与国家"一带一路"倡议对河南的定位是有高度的一致性。以郑州为核心的中原城市群将作为"一带一路"倡议枢纽的重要支撑点，战略枢纽的支撑不仅是在交通和区位方面有要求，而且要在贸易、制造、服务业、文化产业方面能够有效的支撑，打造相关的产业集群以实业作为"一带一路"倡议支撑基础。制造上要满足客户定制需求，以科技创新为引领，协同全球生产制造，通过贸易物流枢纽出口全球；工业生产上要满足加工、组装、分装、包装、转口贸易的智能化需求；战略枢纽的服务需要达到国际标准服务全球的目标，把加快发展服务业作为转变经济发展方式、调整经济结构、提高经济整体素质的战略重点，从而实现"全球生产、全球销售"的产业模式；文化交流是"一带一路"倡议的重要使命，经济的交流必然带动文化的交流，河南古都、中原文化都是中原经济区在文化交流的优势。所以，中原经济区的建设和中原城市群的发展为河南省成为"一带一路"倡议的枢纽和节点做了强有力的支撑，两者实现了有机的对接。

3. 郑州航空港经济综合实验区建设与"一带一路"倡议对接

2015年3月由国家发展改革委、外交部、商务部联合发布的《推动共建丝绸之路经济带和21世纪海上丝绸之路的愿景与行动》明确提出"支持郑州建设航空港、国际陆港"。河南省十二届人大常委会第13次会议审议的《关于郑州航空港经济综合实验区建设情况的专项工作报告》提出："郑州航空港经济综合实验区建设要主动融入'一带一路'，提升战略地位"。航空港和"一带一路"倡议具有天然的融合优势，东联西进、借势发展，推动陆海相通。航空港发展为河南省成为"一带一路"倡议的枢纽和支撑节点地位提供奠定了天然的基础。航空港实验区战略，带动了中原城市群核心区域和更大范围辐射区的发展，郑州航空港、国际陆港协同建设将把郑州建设成集约、智能、绿色、低碳的航空都市，为河南省在"一带一路"倡议的发展提供了强大的动力支持。未来航空港建设要侧重于体制、机制的创新，现代服务业的创新，为河南省、中部地区的企业走向国际化提供更多支持和帮助。

4. 河南自贸区建设与"一带一路"倡议对接

作为新时期深化改革开放战略的重要组成，自贸区为"一带一路"倡议提供基础支点，"一带一路"倡议落实使自贸区一体化发展，两者的战略背景和愿景目的基本一致。尤其河南、四川、湖北、陕西、重庆五个自贸区的建设实践，将进一步提升内陆省份对外开放水平、提升内陆省份承接国际贸易能力；其制度创新成果，将会以区域和影响可控的方式，消减国际贸易中可能发生的文化、制度、交流等屏障和难题；并可能以"复制推广"的模式，按由点成线、由线布面的路径，推进"一带一路"倡议在向外发展的同时，一并向内分红，为全面深化改革和扩大开放探索新途径、积累新经验。

（二）河南省推进"四路建设"总体效益

1. 政策指向日益明确

河南省发展思路明确，制定的经济政策开明配套、连续一贯，并且得到了中央政府大力支持，是建设开放型经济的基石之一。2007 年，河南省设立并开建郑州航空港区，2010 年 10 月，得到国务院批准设立（郑州机场）新郑综合保税区。2010 年 11 月，河南省提出《中原经济区建设纲要》；2011 年 3 月，被全国人大纳入国家"十二五"规划；2012 年 11 月由国务院批复后上升成为国家战略。2015 年 2 月，河南省向国务院上报了《河南省人民政府关于设立中国（河南）自由贸易试验区的请示》和规划方案，2016 年 8 月，河南自贸区获批国务院明文批准，2017 年 4 月挂牌成立。这些具有"风向标"意义，并且实际落地的政策和规划，为河南省开放型经济发展构设了良好环境，注入了健康活力，逐步产生了基础建设升级，产业结构转型，资本流动加速和经济效率提高等实际效应，改变了长期以来河南省经济建设和开放程度落后于全国平均水平的被动局面,形成了河南对外开放新格局。

2. 比较优势日益凸显

中国政府指导河南省紧跟经济全球化步伐加快和国际产业结构调整加速的形势,支持河南省全面扩大深化改革开放,使河南省前所未有地形成了地区甚至国际经济比较优势。地理区位借势发力,京津冀协同发展区、长江经济带、丝绸之路经济带、21世纪海上丝绸之路,都是国家重点建设区域,得益于"一带一路"倡议规划,中原经济区不仅是联结上述四方的地理中心,更由此成为汇通天下的综合枢纽。国际国内交通中心地位确立,郑州航空港开通34条以上国际货运线,基本覆盖全球主要经济体;以4条省际、8条城际干线高速铁路网,组成了以郑州为中心的"米"字形"两小时经济圈";全省所有县城实现了20分钟直达高速公路。截至2018年末,全省铁路营业里程5460.10千米,高速公路通车里程6600.03千米,河南省汇通天下的综合交通枢纽地位逐渐巩固。

3. 建设基础日益稳固

一是经济总量增幅提速。二是经济建设富有活力。2018年全年各种运输方式货物运输量比上年增长6.6%;货物周转量增长6.1%,旅客周转量增长3.9%;机场旅客吞吐量增长19.8%;机场货邮吞吐量增长13.1%,地区货运周转量位居全国前列,开放型经济基础保持稳固。

4. 开放成果日益丰硕

一是开放程度提升,河南对外贸易质量明显改善,赴外交流人数明显增多。二是开放潜力可观,河南是农业大省,更是人口大省,具有交通枢纽核心优势,未来发展潜力不可限量。同时,近年来河南省整体科研水平和研发创新能力也在稳步提升,对外开放型经济现实表征明显。

5. 发展对外贸易有利于加速河南城镇化

河南2008~2018年以来人口整体稳定,城镇人口不断增多,呈上升趋势,乡村人口呈下降趋势。2018年河南总人口10906万人,比上年末增加53万人,常住人口9605万人,比上年末增加46万人,其中城镇常住人口4967万人,常住人口城镇化率51.71%,比上年末提高1.55个百分点。新增农村劳动力转移就业56.18万人,年末农村劳动力转移就业总量2995.14万人,其中省内转移1799.01万人,省外转移1196.13万人。河南的经济发展与人口迁移密切相关。

河南虽然人口密度比较大,但是大部分人口是农业人口,非农业人口密度并不大,这导致河南人口的密度效益难以体现出来。图6-5是2008~2018年11年河南省人口总体变化趋势。

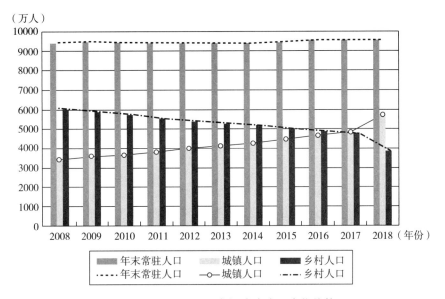

图6-5 2008~2018年河南省人口变化趋势

资料来源:《河南统计年鉴》。

随着河南人口逐渐城市化,河南非农业人口密度迅速增长,这使河南人口密度效益逐渐体现出来。让河南西部山区的人口,自由迁移到县城、城市,以及迁移到河南中部城市群。使河南中部城市群的人口密度继续增大,占河南人口的比例继续增大。城市化是出路。农村劳动力人口不断合理地向城市转移,可以缓解农村大量剩余劳动力,又能补充城市劳动力的短缺。人口的流动,有利于缓解城市老龄化,降低城市人口的总负担,有效优化城乡人口结构,足够的劳动力才能推动经济持续稳定高速发展。农村人口的城市化流动有利于河南对外贸易合作与交流,参与世界经济的分工与发展。人口流动对经济发展的质的贡献,人力资源和劳动力的有效配置,有利于发展对外贸易,加快形成城乡经济一体化,促进河南城镇化发展,为"一带一路"倡议的推进以及"四路建设"的发展提供源源不断的人力资源支持。

六、河南省四条丝路建设中存在的问题

（一）空中丝绸之路建设存在的问题

1. 进出口产品结构较为单一，产业基础依然薄弱

从发展过程来看，郑州航空港经济实验区临空产业过于依靠大企业、大项目的带动作用。发展之初是以智能手机产业为突破口，富士康作为智能手机产业集群的龙头企业，推动了临空产业的跨越发展。但这也必然导致了航空港经济发展受制于富士康单一企业的不利局面。2016 年河南全年进出口总额达到 4714.7 亿元，增长 2.6%，首次跨入全国外贸十强行列，但是富士康一家企业就占据了河南外贸的 67.3%。一家独大，存在较大运营风险，不利于外贸经济的长远健康发展。目前，航空港只有智能手机终端制造业和航空物流产业相对突出，其他临空产业还比较薄弱，如河南缺乏基地航空公司。此外，郑州航空港除富士康外，主要依赖卢森堡货航提供的货源，美欧航线比较发达，新兴国家航线偏少；国际客源航线少密度低，未能有效发挥"客带货"低成本运输，造成只能以货运全包机为主，运输成本偏高，这对郑州临空产业区经济的持续、健康发展带来巨大挑战。

金融行业服务全省企业、强化与"一带一路"合作的产业基础依然薄弱，与境外金融机构的合资合作工作进展缓慢。郑州航空港经济综合实验区口岸建设、通关监管、区港联动、四港联动取得重大突破，内陆开放高地的"空中丝绸之路"辐射力越来越强，但是与发达地区相比，客运航线、货运航线和运输量仍存在不小的差距；郑州富士康"一企独大"的状态不容乐观，非苹果手机竞争优势依然不太突出；主导产业集群发展速度低于预期，产业间协同发展融合程度不高；新的临空经济示范区的出现使郑州机场面临的竞争压力不断加大。另外郑欧班列涉及的"一带一路"沿线国家和运输货物的数量有限，不能很好地服务中外消费者不断增长的个性化高端化需求。中国（河南）自由贸易试验区对外贸易改革创新发展的重要引擎作用还未能及时凸显出来，以上这些都在一定程度上延缓了河南省深度融入国家"一带一路"倡议的步伐。

2. 产业层次不高，产业链不完整

当前以智能手机集群为代表的临空产业集群虽然已初见成效，金融、高端商贸等相关产业也已经开始向临空经济区集聚，但产业层次总体不高，还是处于加工制造阶段。从延伸产业链的角度看，航空港区内的大型企业吸引原材料、零部件等上游供应企业入驻的能力较弱。供应资源的缺失不但导致这些大企业必须负担较高的营运成本，难以实现企业的利润回报和快速发展，同时对于航空港而言也无法形成合理的产业链和产业群。

（二）陆上丝绸之路建设存在的问题

1. 功能同质，竞争力不强

2018 年，中欧班列共开行 6300 列，同比增长 72%，其中返程班列 2690 列，同比增长 111%。2018 年中欧班列（郑州）开行 752 列，全国排名第四位。迄今，中欧班列已累计开行超过 12000 列，重点城市开行情况如图 6 - 6 所示，数据根据公司官方网站整理得到。

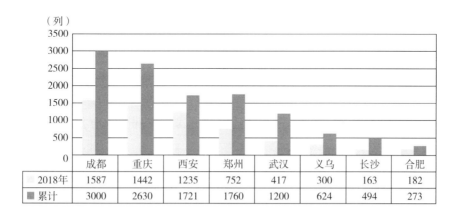

图 6 - 6　中欧班列开行情况

目前，国内开行中欧班列的城市已多达 56 个，以中部省份为例，现在已开通城市除了郑州外，还有合肥、西安、武汉、重庆、成都和长沙等城市，规划中还有太原和南昌两地。中欧班列（郑州）在货源组织和运输路线上均不占优势。

（1）货源组织方面，本土货源少，以揽收外省货源为主。中欧班列都是为本地产业发展服务的，如中欧班列（重庆）主要服务重庆的笔电行业，中欧班列（义乌）主要服务义乌的小商品。但河南产业基础较为薄弱，不是传统外贸大省，中欧班列（郑州）主要揽收外省货源，2017年中欧班列（郑州）去程货源中河南占比仅为5.23%，与其他省市的竞争中处于劣势。

（2）货物集结方面，与西安、重庆相比处于劣势地位。从图6-6可以看出，无论是西向物流还是南向通道，郑州与西安、重庆相比都不占优势。我们推测，未来国家对陆上丝绸之路的内陆国际物流集结口岸将会选择以阿拉山口、满洲里、凭祥等为主，郑州铁路口岸的集结优势由于缺乏本土产业支撑，在政府去补贴化之后，市场竞争优势不大。

2. 补贴为主，市场化不足

目前，中欧班列（郑州）正从追求数量向追求质量的转型过程中，前期为争抢货源，甚至不计成本，再加上回程货源不足、通关手续烦琐、多次变轨换装等造成物流成本较高，始终面临"盈利难"问题。因此，目前发展多靠政府补贴，市场化运营水平较低，亟需提升自身造血功能。

3. 物流集聚，产业化不高

2017年，中欧班列（郑州）去程货源地中，浙江占比18.19%，江苏占比16.72%，河南占比仅为5.23%；在回程目的地，河南占比22.75%，江苏占比16.19%。从数据显示来看，无论去程还是回程，河南本土货源占比均较低，也就是说，目前中欧班列（郑州）发展仍以揽收其他省份货源为主，对河南本土相关产业集聚效益还未充分发挥。

相比较来看，渝新欧班列的产业带动效应更显著。以重庆"笔电"产业为例，目前已吸引惠普、宏碁、华硕、思科、东芝等品牌商，广达、英业达、仁宝、纬创、和硕等6大整机商，以及860多家零部件厂商集聚重庆。重庆已建成了全球最大的笔记本电脑生产基地。得益于惠普、宏碁等企业在渝订单增长，包括笔记本电脑在内的电子产业成为当地经济支柱产业之一。2017年，重庆市实现进出口总值4508.3亿元，其中笔记本电脑占同期出口总值的

44.6%，成为拉动出口增长的"第一引擎"，对重庆市出口值增长的贡献率达到112.6%。

（三）网上丝绸之路建设存在的问题

1. 本土市场参与主体不活跃

河南跨境电商落地企业以大平台为主，中小企业参与较少，相比于广州2000家、杭州15000家、宁波7000家中小微跨境企业，外贸产业基础薄弱，市场主体积极参与度不高。以2018年11月份河南保税物流中心的业务数据为例，排名前十位的电商占比高达99.4%。

2. 外向型产业基础薄弱，供应链不完整

跨境电商不是独立的发展领域，只有与制造业、现代服务业、传统外贸融合发展，才能重构生产链、优化供应链、改造贸易链，实现产业发展的"双赢"。河南开放型经济落后，跨境电商企业中能创造大量经济价值的贸易型和生产型供应链卖家企业较少，供应链不健全；此外，跨境电商涉及的现代物流、金融支付、创意设计以及会展咨询等产业链条尚未形成闭环，导致电商企业运营成本比沿海发达地区高10%～12%，这是影响活跃卖家集聚河南、产业链生根落地河南的症结所在。

3. 融资环境差

目前河南跨境电商的融资环境以政府资金引导为主，民间资本进入几乎为零，跨境电商企业在河南融资非常困难，截至目前，尚无成功融资的企业。而广州、深圳、杭州、重庆等城市风投资金已达近千亿，如"有棵树"已获得风投资金28亿元。此外，缺少跨境电商保险等配套服务。跨境电商供应链金融渠道尚未打通，电商企业生存压力巨大。郑州航空货运物流所依赖的郑州机场仍然使用抵押贷款进行自购飞机融资。与此同时，国际航空货运业需要建立有效的结算系统和使用国际金融工具来降低运营成本和规避风险。然而，郑州目前缺乏支持国际航空物流和铁路物流业发展的高效金融服务供应链金融，航空金融租赁，离岸贸易结算，贸易融资等金融服务体系，国际铁路运输规则与国际贸易惯例之间也存在很大差异。

（四）海上丝绸之路建设存在的问题

1. 缺少先发优势

河南是内陆省份，没有海港，与沿海发达城市相比，无论是在海运资源还是海运物流价格方面都不具优势，这是河南无法改变的先天劣势。

2. 公路港尚未实质启动，多式联运水平待提高

河南大力发展多式联运，提出铁、公、机"三网融合"，航空港、铁路港、公路港、出海港"四港联动"，但公路港建设并未真正启动，多式联运在标准规范、服务规则、信息共享等方面都需要持续提高。

除以上"四条丝绸之路"各自存在的问题外，河南在参与"一带一路"倡议中还存在一些其他问题。

首先，河南省外贸发展中存在相关问题和不利因素。

（1）外贸规模与经济总量不相匹配，对内生经济的拉动作用有待进一步提升。

近年来，河南省外贸取得长足发展，但由于基数偏小，外贸依存度一直以来低于全国平均水平。2018年，河南外贸总值占全国外贸总值比重为1.8%，外贸总体规模与全省经济总量并不匹配。同时，全省外贸依存度与全国平均水平和中部其他省份相比也存在较大差距。近年来，河南省外贸依存度维持在10%左右，与同期全国30%的平均水平有较大差距，较同处中部的江西、安徽也处于劣势。过低的外贸依存度反映出全省外贸对经济发展的贡献率尚有较大提升空间。

（2）商品出口结构取得长足发展，但在全球价值链中的地位仍处于下风。

近年来，河南出口商品结构得到很大程度的优化和提升，但总体上仍处于全球价值链分工体系低端环节的格局没有得到根本改观。特别是出口竞争力较强的劳动密集型产品，更多仍是以廉价劳动力为核心竞争力要素，随着劳动力成本上升，相关行业及产品赖以生存的"人口红利"必须要从低成本的数量红利，加快向素质红利转换，通过高素质人才积累、在全球价值链分工中获得新的比较优势。而对于出口占比最高的技术密集型产品，其核心技术和产品定价权仍被发达国家的跨国公司所掌握，迫切需要通过自主创新，力争在关键核心技术上取得突破，以避免在全球价值链分工上的"低端锁定"。

（3）全球经济周期性复苏势头减弱的风险上升给全省外贸发展带来不确定因素。从国际形势看，主要经济体工业生产、制造业采购经理人指数等主要指标已现减速趋势，发达经济体房地产市场涨幅趋缓，显示经济由较快增长转为平稳增长。美国减税政策的刺激效应逐渐减退，美欧等发达经济体持续收紧货币，全球宏观经济政策支撑经济增长的力度减弱，抑制作用增强。特别是一些新兴经济体自身经济脆弱性凸显，又受发达经济体收紧货币外溢效应影响，经济金融形势严峻，成为威胁世界经济增长的重要风险。国际货币基金组织（IMF）最新预测显示，2019 年全球经济增速将为 3.7%，与 2018 年持平。

其次，农产品深加工能力欠缺。

（1）农产品出口创汇能力不足。河南农产品出口大部分还是初级农产品，创汇能力较低。高技术含量和深加工农产品出口所占比例有待提高，农产品贸易种类、结构、规模还有较大改进空间。目前，河南农产品出口主要集中在亚洲以及北美洲国家，与"一带一路"沿线发展中国家大多没有签订农产品贸易协议，农产品贸易不够活跃。与国内其他省份相比，河南农产品出口贸易额差距较大。

（2）农业"走出去"步伐有待加快。河南"走出去"的农业企业以中小企业为主，大多投资规模小、层次不高，投资能力较弱。虽然河南农业对外投资和产能合作正在从种养殖业逐步扩大到农产品加工、仓储、物流等领域，但大多数投资项目仍然主要集中在附加值不高的产业链低端，农产品加工投资不足，农业仓储物流和贸易掌控能力薄弱。河南农业"走出去"大多是各自为政，产业配套、分工协作的集群效应尚未形成。缺乏跨国经营管理人才，对投资国相关情况缺少全面的了解，难以从战略上建立农业投资与贸易相结合的全球农产品供应链。省内尚未构建完善的农业产能合作风险防控体系，不能及时发布风险预警并采取有效的应对措施。

（3）政策支持力度有待加强。河南对"一带一路"沿线国家和地区农业合作的统筹协调不够，虽然国家出台了一系列农业"走出去"的文件，但配套政策及措施不完善，导致河南农业"走出去"之后很难发展起来。近年来，河南与沿线国家和地区开展了多种形式的农业交流与合作，但政府层面尚未形成规范的沟通交流机制，不同部门之间工作协调机制不健全，涉外服务不到位，对企业境外投资缺少合理指导和协调。"一带一路"倡议下的河南农业合作项目大多具有援助、公益性质，建设和投资周期长、回报率低，既受自然条件、技术适应性、农产品价格波动等因素的影响，又不能享受国内的农业投资优惠政策，农业企业缺乏财政、保险、税收方面的政策支持，境外融资难、资金不足、投资便利化程度不高等束缚了河南农业"走出去"步伐。

再次，基础设施建设投资比例失衡。

目前，河南省的基础设施建设还处于相对比较滞后的状态，建设水平存在着比较明显的差异，投资水平相对较低，很难促进河南省整体经济快速高效的发展。河南省整体的基础设施建设较为不均衡，体现为城市之间的不均衡及城市内部的不均衡。总体来说，河南省基础设施建设目前的投融资模式较为单一，规模较小，整体效果不明显。为了更好、更深度地融入"一带一路"倡议的建设，河南省应该全面提高基础设施建设水平，实现均衡协调发展。

最后，跨境电商物流复合型人才及涉外知识产权人才储备不高。

现有的跨境电商物流人才培养模式还存在不少问题，主要体现在以下三个方面：

（1）复合型人才培养师资队伍严重短缺，课程培养体系不完善。由于跨境电商与跨境物流是新兴专业，从事相关教学工作的教师大多没有经过系统的学习和培训，造成理论研究缺乏，很难系统地传授学生理论知识。该业务流程需要跨境电商、跨境物流、国际贸易、国际商务等相关操作经验的积累，而在校教师几乎没有操作相关作业流程的实践经验，更无从事跨境电商运营的经历，进而导致跨境电商与跨境物流的教学基本上都是纸上谈兵。而现有的课程培养体系也不完善，虽然开设的核心课程有些与跨境电商与跨境物流有关，但都是体现在理论层面，没有实操性的标准流程可供参考，无法深入地将两者融合，实现两者的协同发展。

（2）跨境电商与跨境物流实践教学培养模式滞后，人才培养与产业实际需求脱节。目前，大多数高校跨境电商与跨境物流的实践教学通常有两种形式，一是通过基于各种实训软件的跨境电商模拟平台来实践，二是通过对跨境电商与跨境物流企业实地考察调研来实施。基于很多客观方面的原因，已有的实践教学模式大都流于形式。实践教学流程一般是教师先对学生进行理论讲解，布置任务，提出作业要求，然后学生自己操作相关跨境电商软件，进行仿真模拟，或者是到企业进行参观学习，提交学习报告。这两个实践培养形式都是通过电脑软件或者观察学习获得，和企业实际需求差距很大，不能提高学生解决实际问题的能力。

（3）校企合作培养模式有待完善，创新性培养有待加强。复合型人才的培养是个循序渐进的过程，既需要学校的系统理论学习与积累，又需要课外有效地实践。但是，现阶段高校电商物流专业进行的校企合作大多流于形式，合作机制不完善，合作途径单一。一方面，有些校企合作仅仅是满足各自的需要。学生也只是到合作企业进行简单的参观浏览，了解企业运营的基本流程，没有深入到背后，研究运营的实际情况，发现存在的问题以及如何解决实际需求。另一方面，在实践培养过程中，各方没能有效地引导学生进行创新性实践，对于学生创意、创新和创业等很多方面还可以再加强。

同时，在深度融入"一带一路"的过程中，河南省迫切需要各种知识产权的专业人才。特别是缺乏与国外有关的知识产权人才，他们可以在对外贸易和国际交流中发挥重要作用。中国和发达国家相比，融入国际市场较晚，对于已经建立的国际贸易的知识产权规则，了解相对较晚，因此开始储备各方面的人才时间也较短，储备量明显不足。为了更快更好地深度融入"一带一路"倡议，河南省要主动加强涉外知识产权人才的储备，提高综合实力，进而增强对外贸易的能力。

第七章　河南省打造"四条丝绸之路"的策略建议

一、金融支持河南省打造"四条丝绸之路"的机理

（一）金融支持"丝绸之路经济带"建设的机理

"丝绸之路经济带"作为全新的国家经济发展战略，其将在基础设施投资、能源、特色产业、人民币国际化等诸多经济领域产生深刻的结构性、战略性影响。金融支持"丝绸之路经济带"建设在当前阶段应以开发性金融形态为主导，同时积极培育商业性金融服务模式。在操作层面，应加快金融服务支持"丝绸之路经济带"建设步伐，建立和完善开发性金融机构支持措施，提前规划"丝绸之路经济带"区域资本市场，为河南省积极推进"一带一路"倡议，打造"四路建设"奠定基础。

建设"丝绸之路经济带"，倡导多元化对外贸易形式，促进对外贸易转型升级，核心是经济高质量发展，而金融服务是经济发展很重要的推动因素，但金融对经济发展的推动作用不是完全外生的力量。金融服务与经济发展更多地表现为相互促进、相互支持、相伴共生的双赢关系。从根本上说，社会经济发展对金融的客观需求导致金融的快速发展。金融支持更重要的是要具备战略视野和前瞻意识，以国家和区域层面的长远战略规划为基础，深入研究"丝绸之路经济带"金融基础设施建设问题，研判哪些领域将产生全新的金融服务需求、如何进行金

融工具创新及如何构建金融机构自身发展战略等。金融支持"丝绸之路经济带"发展的一般机理如图7-1所示。通过图7-1可知，金融支持丝绸之路经济带的内涵在金融与经济发展的一般关系的基础上进一步拓展，通过金融服务创新突破资本刚性约束，满足丝路经济带发展的客观需求，弥补因市场缺失和制度缺失造成的困扰。同时，金融支持丝路经济带发展的独特作用也在一般作用的基础上进一步扩大，通过政府协调和信誉担保，培育信贷需求主体，加强制度和信用机制建设，建设和完善市场，更好地服务实体经济发展，促进丝路经济带的长久发展。传统市场经济体制下，金融支持经济发展的角色定位是索取者，作为"理性经济人"存在，目的是实现自身利润最大化，而在中国特色社会主义市场经济体制下，经过政府的宏观调控和积极引导，金融支持丝路经济带的角色定位发生重

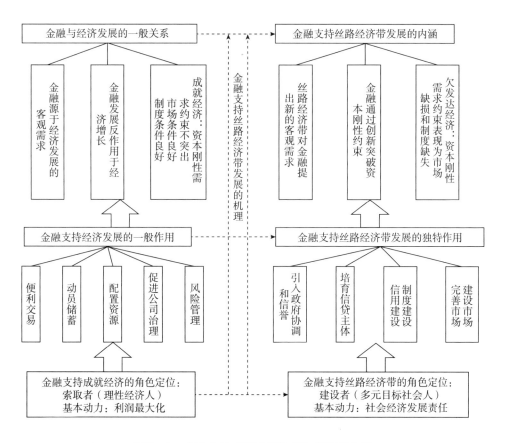

图7-1　金融支持"丝路经济带"发展的机理

大转变，以建设者的角色存在，作为多元目标社会人，目标是实现政治、经济、文化、社会以及生态环境等多维度的全面可持续发展。

（二）金融支持"丝绸之路经济带"建设的战略方向和路径

根据"丝绸之路经济带"发展的国家战略需求、河南基础产业和支柱产业发展现状以及河南"四路建设"的阶段性特征，本章提出金融支持河南"四路建设"的战略方向和路径，如图7-2所示。由图7-2可知，这里支持河南省打造"四条丝绸之路"建设发展的主体是政府力量和市场力量的共同推动，在支持主体的推动下，河南采用的主要是以金融业服务支持为主、商业性金融服务为辅的支持手段。具体的支持发展方向和路径体现为陆上丝绸之路以基础设施建设、打造国际物流中心和发展多式联运等领域为主；空中丝绸之路以区域均衡发展、货运商品多样化、发展高端制造业等方面为主；网上丝绸之路要重视跨境电商运营模式的创新、发展国际冷链物流以及重视农产品深加工等方向的发展；而海上丝绸之路重点要突出发展国际物流供应链、发展多式联运、注重四路建设协同发展及加大政府政策方面的支持力度等方向。最后，金融支持河南发展"四路建设"的区域主要为中原经济区及其覆盖范围以及主要"一带一路"沿线国家，

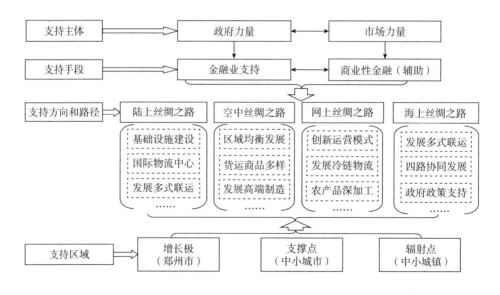

图7-2 金融支持河南省"四路建设"的战略方向和路径

郑州作为中原经济区的核心城市和国家中心城市,是培育的主要增长极,也是重点支持发展区域。其他区域内的中小城市作为支撑点,培育地方特色产业,突出区域间协同发展,是重要支持发展区域。作为辐射点的广大中小城镇,是河南经济发展的基础,对"四路建设"起到基础性的支撑作用,也是重要的支持发展区域。

根据河南省四条丝绸之路相关经济数据指标,以及网上、陆上、空中、海上丝绸之路与河南省金融业关联度分析的结果,结合金融支持河南省"四路建设"的战略方向和路径以及发展实际需求,下面分别从河南省打造"陆上丝绸之路""空中丝绸之路""网上丝绸之路"和"海上丝绸之路"的重点支持推进方向提出策略建议,提出河南金融业应该关注和支持的重点领域和投资方向。

二、河南省打造"陆上丝绸之路"的重点支持推进方向

根据郑州国际陆港的区位优势及基础功能优势,以及其在国家"一带一路"倡议中的重要地位,应将其定位为国际中转型枢纽港。通过港口功能要素及国际物流通道体系的建设,提高国际物流业务竞争力,实现集全球交易、仓储、中转、分拨和配送等功能的国际中转枢纽港。在明确郑州陆港的国际中转枢纽港定位的基础上,加强国际中转枢纽陆港的港区国际贸易、保税加工、报关通关和中转配送等支持功能,使中部经济能够更好地面向国内、国际两个市场,形成规模化的产业集聚和良好的绿色循环经济体系,进一步拓展郑州国际商都的定位,打造郑州国际物流中心。河南省打造陆上丝绸之路重点支持推进方向如图7-3所示。

(一)扩大覆盖区货源集聚,引领高端制造业联动发展

从郑州的地理位置、交通区位及其城市影响力来看,郑州国际陆港的腹地为中原地区,集聚区影响覆盖区域包括华北、华中地区。可通过推动铁陆海上联合运输,逐步扩大枢纽陆港集聚范围。就货源集聚而言,从500千米集货范围到

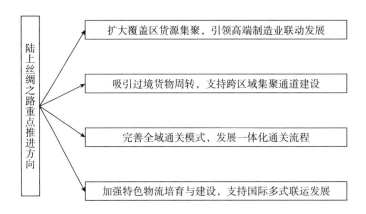

图7-3 河南省陆上丝绸之路重点支持推进方向

1500千米集货区域,中欧班列(郑州)以郑州为核心,在国内形成四个方向的十字枢纽,延伸到国外形成了多口岸、多线路的国际网络布局。向东与日韩连接,通过海公铁联运对接"海上丝绸之路";向西由阿拉山口出境到达欧洲,以及经由霍尔果斯达到阿拉木图和塔什干等中亚目的站;向北经二连浩特出境到达欧洲,同时新开通东北线通道的绥芬出境口岸;向南经广西凭祥出境达到东盟越南河内目的站。承东启西、连南贯北,中欧班列(郑州)构建了以郑州为中心,辐射欧洲、中亚、日韩、东南亚的贸易"金三角",可以支撑郑欧班列(陆港)构建国际物流中转枢纽。

国内外一些比较优秀的港口案例发展经验告诉我们,任何一个成功的港口发展都离不开周边产业的发展与支持,需要有周边产业的带动才能够得到更好地发展。西安为了加速集装箱"五定"班列的开行,西安铁路部门研究制定有竞争力的铁路运输定价机制,吸引货物聚集,推动国际联运业务发展。因此,为了更好地促进郑州国际陆港的发展,不可避免地需要促进当地的加工企业的进一步发展,通过高端制造业的引领带动当地经济的发展。同时,现代物流产业是郑州国际陆港成长的核心与基础,通过现代物流业的成长,引领相关产业的联动发展,进而也能够促进地区经济的繁荣发展。

(二)吸引过境货物周转,支持跨区域集聚通道建设

郑州国际陆港应充分使用集装箱联网运输上的优势,加强对跨境企业的业务

指导，引流上线、引货入箱，努力打造世界一流的现代化内陆集装箱运输物流平台。一方面，需要能够协调好现有的一些铁路、公路资源优势，加大宣传力度，提升企业自身知名度，扩大区域影响力。同时也是为了能够进一步地提升自己的营销能力和营销份额，整合自己现有的市场和资源，提高对外开放的能力，加速对外开放的进程。另一方面，企业内部还需要完善激励约束的机制建设，开拓更多的营销网点，从而能够进一步地与国际接轨，创造国际一流的世界级内陆集装箱运输中心，这样当过往的货物路过时，也能够与之协同合作，进一步地打开自己的市场。开展"出口拼箱"试点，形成港口货物出口拼箱集聚。支持跨区集聚通道建设，解决西部地区外出通道不畅问题。例如，新疆现在是国家的矿产基地和农副产品基地，现阶段新疆资源出不去，东西进不来，对流不平衡，物流成本高。因此亟需通过跨区域物流干线通道建设来改善新疆货物运输现状。

（三）完善全域通关模式，发展一体化通关流程

探索以"区港联动"和关区内"属地申报，口岸验放"为实现途径的全域通关模式，减少企业多次转关的烦琐手续，缩短通关时间，节约物流成本。积极加强特殊监管区域之间海关的合作，着重推动"直通式"和跨关区多式联运便捷转关试点，提升保税货物流周转速度，畅通货物快速进出通道。

在国内的内陆港发展中，重庆的成功经验值得郑州国际陆港建设发展借鉴。重庆保税港区主要是通过铁路、公路的集装箱中转站的经营模式，形成了具有当地特色的国际进出口贸易活动，同时也向相关部门申请了设立保税港区。郑州港务区可以借鉴这一模式整合当地的物流运输资源，建成陆海空功能齐全的物流通道，全面增强国际货物中心的服务质量，发挥出港口贸易所应该拥有的功能。可以根据货物的种类以及仓库所在地，灵活地进行价格调整。同样，在保税港区的企业也享受着增值税和消费税的优惠政策支持，在进行出口贸易活动中还能够享受到政府所提供的财政补贴、出口税收等相关优惠，也可以降低企业的成本，促进企业的发展，提高企业进行进出口贸易的积极性。

（四）加强特色物流培育与建设，支持国际多式联运发展

聚焦专业物流，打造郑州特色，大力发展航空物流、冷链物流、快递物流、

电商物流、跨境物流等特色领域，大力加强国际物流供应链建设，形成全产业链均衡发展的良好布局。培育市场主体，推动资源整合，引进物流企业总部，打造龙头企业，提升企业国际化运营能力，推动物流资源和业务整合，提升国际物流服务增值功能。推进发展智慧物流，提升信息化水平，建设智慧物流公共信息服务平台、跨境企业专业物流服务平台，提升物流企业信息服务水平。完善城市配送，打通末端结点，推进物流与供应链金融创新、物流集约绿色创新和物流标准创新，进一步推进国际物流标准化建设，增强物流国际标准制定的话语权。

加快综合运输通道建设，加强公铁联运体系建设、空陆联运体系建设、空铁联运体系建设，发展全链条一体化的多式联运。统筹布局综合交通物流网络，发挥各种运输方式的优势和互补性，以"空中丝绸之路""陆上丝绸之路"和"海上丝绸之路"三大国际物流通道为重点，建设以航空、铁路为骨干的国际物流通道，完善以高速铁路和高等级公路为支撑的国内集疏网络，构建连接东西、贯通南北、辐射海内外的综合运输通道网络体系。加强国际货运航线地面物流组织，大力发展卡车航班，支持物流龙头企业开行郑州至长三角、环渤海和中西部地区主要城市的卡车航班，进一步扩大郑州国际陆港、航空港货运市场辐射范围，建设区域性卡车转运中心，打造航空货物"门到门"快速运输系统，探索公铁、空铁联运模式。推进机场与高铁的物流合作，探索发展上街通航机场与郑州国际陆港第二节点物流融合发展，在货源信息共享、货物分拨转运、快速集疏等方面深化合作，进一步拓展发展领域。

三、河南省打造"空中丝绸之路"的重点支持推进方向

依托郑州航空港的政策和区域优势，"空中丝绸之路"已经成为河南对外开放的一张名片。2019年9月，郑州空港型国家物流枢纽正式入选2019年国家物流枢纽建设名单，这是河南首个入选的国家物流枢纽，也是国家唯一的空港型国家物流枢纽。这一重大国家策略又为郑州航空港的发展提供了重大的历史性机

遇，但是我们也要看到航空港发展面临的一些挑战和问题，基于此，制定合理的发展规划，采取正确的发展措施，促进航空港健康长远发展。因此，河南省打造空中丝绸之路重点支持推进方向如图 7-4 所示。

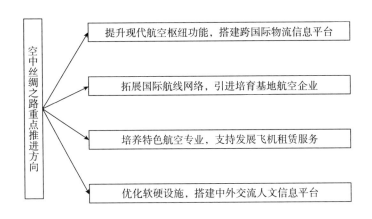

图 7-4　河南省空中丝绸之路重点支持推进方向

（一）提升现代航空枢纽功能，搭建跨国际物流信息平台

完善航空枢纽基础设施，引入高速铁路、城际铁路、城市轨道交通、高速公路等多种交通方式，打造全国领先的"空地中转"机场。提升货运集疏能力，建设卢森堡货运航空公司亚太地区分拨中心集散基地、温控物流中心和先进制造业供应链基地，打造大型物流集成商货物集散中心。深化郑州—卢森堡"双枢纽"战略合作，建设郑州国际性现代综合交通枢纽，推进郑州、卢森堡枢纽对接，构建多式联运体系，提升服务"一带一路"建设的物流枢纽功能。开展国际资本战略合作，引入国内外知名物流集成商和货代企业，积极推进具有全球资源的国际物流集成商兼并重组工作。

围绕构建高效衔接的集疏运体系，加快建设便捷顺畅的空铁、陆空联运设施。高标准建设郑州南站及高铁快运物流基地，同步建设郑州南站至郑州机场的铁路联络线，实现高铁与航空无缝对接，促进郑卢枢纽对接。推进双方多式联运模式创新和标准对接，加强空铁联运航空物流体系建设，实现统一运输箱体、统一安检标准、统一操作流程、统一管理体制等标准对接。促进国家物流信息共享，实现货运航空公司及相关货代企业与郑州机场国际物流多式联运数据交易服务平台数据对接，实现"一单到底、物流全球"的贸易便利化。

（二）拓展国际航线网络，引进培育基地航空企业

以连接全球重要枢纽机场为重点，完善通航点网络布局，加密国际货运航线航班，新开直飞洲际客运航线，形成覆盖全球的国际客货运航空网络。增开国际客运航线，加密欧美航线，开通至莫斯科、卢森堡、洛杉矶等航线，辐射欧美发达经济体；拓展澳洲航线，开通至墨尔本、悉尼、奥克兰等航线，辐射南太平洋广阔地区；对接非洲客运网络，以迪拜为中转点，连接开罗、开普敦等非洲主要机场；串飞亚洲航线，以仁川、东京、吉隆坡等枢纽机场为主要通航点，完善日韩、东南亚中短程国际航线网络及港澳台地区航线网络，开辟西港、斯里巴加湾等重点旅游航线。开展国际航线网络布局和覆盖面的同时，提高国际客货运航线服务水平，培养国内外有效客户的忠诚度，注重增值服务能力的提升。

加强航空港基础设施建设的同时，积极引进培育基地航空公司，增强基地核心竞争力。加快推进与卢森堡货航合资组建货运航空公司，提升卢森堡货航、合资货航及成员企业郑州机场直航覆盖率，推动卢森堡货航成为郑州机场主要货运基地航空公司。加快组建本土货运航空公司，增加南航河南分公司运力投放，引进西部航空、祥鹏航空等国内航空公司在郑州设立基地公司，扩大机队规模。注重基地软实力建设，构建航空港信息平台，为入驻企业提供及时有效的信息服务，增强客户黏性，提高航空港软硬件有效利用率，降低整体运营成本。

（三）培育航空特色产业，支持发展飞机租赁服务

支持建设航空冷链和快递物流基地，打造国际航空物流中心。依托郑州机场、进口肉类口岸、水果口岸等平台，吸引欧洲大型生鲜冷链集成商在郑州集聚，加快冷链物流基地建设，扩大冷鲜货物经郑州机场进出口规模，打造辐射全国、联接世界的郑州冷链产品交易中心和冷链物流集散分拨中心。加快发展优质农产品加工、出口、配送，扩大欧洲市场份额，打造河南省农产品国际品牌。同时，在郑州商品交易所积极引入农产品相关生鲜冷链期货，增强相关产品的定价

权,从根源上促进航空产业链的长远发展。大力开展航空快递运输业务,积极推进与大型快递企业合作,完善分拨转运、仓储配送、交易展示、信息共享等配套服务,全面提升快递物流中转和集疏能力,建设郑州全国航空快递集散交换中心。突出高端、智能、融合、绿色发展方向,积极承接欧洲产业转移,与卢森堡等欧洲国家合作建立产业创新中心,将郑州打造成为欧洲企业在内陆地区的总部基地,带动全省加速融入全球制造业供应链和销售链体系,并成为价值链中不可或缺的一环,真正实现买全球、卖全球。

同时,积极发展飞机租赁服务,有效实现优势互补、资源共享。发挥航空港实验区国家战略平台和信息平台优势,完善财税支持政策和通关等配套支撑条件,引进和培育一批大型飞机租赁及相关企业,支持阿维亚(中国)融资租赁、中原航空租赁公司等飞机租赁企业发展壮大,积极开展飞机经营性租赁收取外币租金业务,降低租赁企业融资成本和汇率风险,集中要素资源促进飞机租赁业集聚发展。探索在卢森堡、爱尔兰等地设立航空租赁信息平台,搭建完善的信息覆盖网络,开拓国际航空租赁业务,提升该领域业务市场份额占比。

(四) 优化软硬设施,搭建中外交流人文信息平台

在推进郑州航空港建设的同时,进一步提升郑州南站客货集疏能力。实现高铁与航空物流无缝对接,打造客货功能兼备、高铁和城际铁路融合的现代交通综合枢纽。建成开封至港区、许昌至港区快速通道,为开港、许港产业带发展提供货运支撑。强化核心枢纽高效协同,优化交通网络布局,完善运输通道,促进航空港、铁路港、公路港、出海港"四港"联动发展。推进城际铁路公交化,强化机场、铁路货场、公路货站、国际物流园区便利化衔接,提高区域内物流服务能力和配送效率。发挥郑州机场综合交通换乘中心功能,促进高铁、城际铁路、地铁、公交运行时刻、运行班次与机场航班紧密对接,满足旅客便捷换乘需求。强化航空港与郑州东站、郑州站、铁路集装箱中心站、郑州北站、公路客货运站等枢纽场站联系,实现"铁路、公路、民航、海运"集疏联动发展。在硬件设施优化的基础上,重点搭建航空港、铁路港、公路港、出海港"四港"联动发展的一体化信息平台,实现信息引领、数字增值的"四港"高效协同发展,数字经济已经成为一种新业态,是未来经济发展的重要引擎,而物联网技术正是将

"四港"硬件与一体化信息平台连接起来的工具。

搭建中外合作交流平台,深化与卢森堡等欧洲国家在旅游、文化、教育、人才、科技等人文领域的合作交流,建设中欧人文交流重要门户,实现经济与人文双合作。加强与卢森堡大使馆沟通,推进签证便利业务常态化,建成投用卢森堡飞行签证中心。依托郑州至卢森堡直达客运航线,大力开拓欧洲客源市场,推动成立航空旅游联盟。加强与欧洲国家行业协会及旅游企业合作,建成豫卢双向旅游平台。加强与卢森堡等欧洲国家和地区的人文交流与教育合作,推进高校间师生交流互访,促进两地人才资源流动。推动河南省高校与欧美高水平大学开展中外合作办学活动,引进国外优质教育资源。积极引进国外资金、技术和教育资源的同时,还要走出去,将中国优秀传统文化宣传推广出去,提升国家的软实力,促进国际间人文交流。

四、河南省打造"网上丝绸之路"的重点支持推进方向

河南省作为国家"买全球、卖全球"对外贸易的重要窗口,"网上丝绸之路"已经成为我国内陆对外开放的典型代表,受到习近平总书记的点赞和支持。而跨境电子商务的快速发展,又为"网上丝绸之路"的发展提供了源源不断的物流、信息流和资金流。将"网上丝绸之路"这一河南名片宣传出去,发挥好其优势,更好地服务河南经济发展,促进河南对外贸易转型升级,是这里要考虑的重点问题。因此,基于"网上丝绸之路"的发展现状和河南战略发展需求,河南省打造网上丝绸之路重点支持推进方向如图7-5所示。

(一)支持企业开展跨境电商业务,打造跨境电商生态圈

发展壮大跨境电子商务是支持传统企业走出去的有力方式,也是新常态下中小企业对外贸易的新形势和新业态。支持河南省依托中国(郑州)跨境电子商务综合试验区,积极引进欧洲知名品牌商、电商平台企业和国际跨境物流集成商,

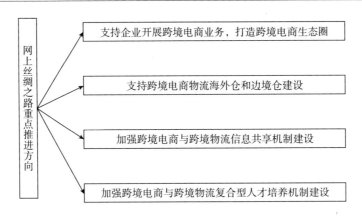

图 7 - 5　河南省网上丝绸之路重点支持推进方向

拓展"跨境电商 + 空港 + 陆港 + 邮政"运营模式，双向设立国际商品展示交易中心、海外仓，建设双向跨境贸易平台和电商综合运营中心。支持河南省创新"互联网 + 全渠道"的业态模式，完善国际营销网络和国际物流体系，参与制定跨境电商规则，提高该领域国际化标准话语权，持续推进交易、监管、服务创新，优化生产链、供应链、贸易链、价值链，促进"四链"的协同一体化发展，推动郑州跨境电子商务模式和标准体系向欧洲延伸，规划建设中欧跨境电子商务综合产业园，形成生产制造、平台营销、金融信保、仓储物流、综合服务等为一体的跨境电子商务生态圈。跨境电商生态圈是未来发展趋势，也是重点支持方向。根据当前企业发展现状，国际企业间的竞争已经有供应链与供应链之间的竞争转变为供应链生态圈与供应链生态圈之间的竞争，竞争链条进一步延长，竞争网络进一步深化。因此，必须把握跨境电商发展优势与先机，提前优化布局，占据行业发展制高点，在全球贸易一体化进程中赢得更多主动性。

（二）支持跨境电商物流海外仓和边境仓建设

网上丝绸之路的建设发展离不开跨境电商物流服务。所以，重点支持提升跨境物流信息配送效率的有关项目，是建设网上丝绸之路的重要方向。例如，重点支持跨境电商物流"海外仓"建设。海外仓是指跨境电商企业在境外建设或租赁的境外仓库，是中国企业布局海外市场的关键一环，海外仓的建立可以使得相关企业的出口产品具有时间和价格优势,解决以往小包时代的成本高昂、配送周期漫长等一系列问题。海外仓运营模式可以有效地将跨境电商中的跨境物流服务前置,缩短配送时间,提高顾客满意度,更解决了部分跨境电商物流中的逆向物流服务的相关问题。河南网上丝绸之路的建设要突破当前金融问题的制约,就必须有效对接河南省传统产业结构,开展有针对性的金融服务业务创新。一是利用政策优惠大力发展融资租赁业务。例如,对融资租赁出口实行退税,为面临转型升级的河南省跨境企业提供资金支持,又能为河南省高端装备制造业提供新的销售方式,拓展海外市场,对促进产业结构调整升级有着深远意义。二是依托河南省交通枢纽核心区域优势大力发展现代物流与供应链金融业务。与现代跨境物流企业合作,为企业提供创新型物流与供应链金融服务产品,如融通仓、保兑仓等物流与供应链金融服务,提高资金利用率,破解企业融资发展难题。跨境电商试验区应积极鼓励和支持相关跨境电商出口企业自行或者组团建立或租赁海外仓,为跨境电子商务企业提供贸易、仓储、配送和售后等一站式服务,发挥跨境电商信息平台优势,促进对外销售。此外,支持企业创立自有品牌,通过跨境 B2B、海外 O2O、跨境 B2C 模式,设立海外仓、体验店、展览展示中心等运营模式,融入境外销售体系,实现跨境产品和服务的本土化、多元化销售和发展。

根据对外贸易对象的地理位置差异,支持拓展跨境物流服务平台功能,推进边境仓、保税仓建设,将物流部分功能地理前置,有效降低跨境物流成本,提高跨境物流服务质量与水平,提供更多物流增值服务。按照"政府引导 + 市场化运作"的方式组建一体化跨境物流信息平台公司,对不同运输方式信息统一收集、分析、交互,提升大数据技术对跨境物流服务运作的支持作用。支持社会资本有序建设物流资源交易、大宗商品交易服务等专业化经营平台,加强与一体化物流平台对接。推行"平台 +"物流交易、供应链、跨境电子商务等合作模式。推动跨境物流平台拓展海外服务网络,加强与贸易平台合作,提升跨境电子商务服务能力。

(三) 加强跨境电商与跨境物流信息共享机制建设

通过完善跨境电子商务海关总署统一版系统的相关功能,实现高附加价值产品快速通关的相关业务操作。同时,针对海关税款保证金办理手续麻烦的相关问题,进一步推行跨境电商全程无纸化通关,提升跨境电商的运营效率。为切实提高通关效率,河南目前全面使用"单一窗口"综合服务信息系统,实现货物信息一次录入、分别申报(海关和检验检疫部门),海关实行"简化申报、清单核放、汇总统计"措施,全面实行出口退税无纸化,以达到便利跨境电商企业出口退税的目的。

针对售后服务及时跟进问题,将技术和金融体系的发展动态充分结合。对于跨境电商商家和平台来说,要强化监管,实施对网络商务主客体和过程的经常性监管,实现网上巡查的常态化。加强跨境电商在订立合同、选择分供方、管理平台商家等日常经营业务中的谨慎义务,对跨境电商运营进行全方位规制,有效降低跨境电商运作风险,提高运作效率。丰富完善跨境电子商务线上综合信息服务平台功能,探索建立跨境电子商务与跨境物流信息共享机制,统一信息的标准规范、备案认证和管理服务,为监管部门和跨境企业提供备案管理、统计监测、电商信用、风险预警、质量追溯等服务。基于跨境物流滞后于跨境电商,更加注重跨境物流信息服务平台建设,与跨境电商信息平台形成共享机制,促进两者的协同发展,更好地服务于"网上丝绸之路"的对外需求。

(四)加强跨境电商与跨境物流复合型人才培养机制建设

瞄准跨境电商与跨境物流行业实际需求,采取定向与定制相结合的培养方式,开展政府、高校、协会、企业合作,指导各地结合产业与地域优势,高标准规划建设一批跨境电商物流产业园区,建设一批服务跨境电商与跨境物流企业的实用型培训孵化基地。实施跨境电商与跨境物流高端人才引进计划,吸引省外豫籍电子商务高层次人才和优秀应用人才在郑发展,并按现行政策规定给予奖励和生活补贴。鼓励跨境电子商务领域创新、创业,为创业人员提供场地、人才、技术、资金支持和创业平台孵化服务,鼓励线上虚拟众创空间发展。探索产学研一体化的复合型人才培养机制,将产业需求、教育学习和科学研究实现有机结合,构建以产业为引导、教育为手段、研究为应用的动态人才培养调整机制,根据企业实际需求,及时调整教学大纲,将最新科学技术和最新教育理论引进课堂,注重思政教育和可持续学习能力的培养,为"四路建设"提供源源不断的复合型人才支持。

五、河南省打造"海上丝绸之路"的重点推进方向

河南不沿边、不靠海,没有发展海上丝绸之路的先天地理优势,而海运又具有其他运输方式不能替代的优点,运输量巨大、运价便宜等。而集装箱公铁、海铁、公海铁等联运因其运能大、成本低、速度快、安全性高、污染排放少等优势,已经成为世界各国优先发展的综合运输方式。欧美国家主要港口集装箱多式联运量所占比例达到10%～30%。我国集装箱多式联运起步晚,发展水平相对落后,主要港口集装箱公铁、海铁、公海铁等联运量仅占其集装箱吞吐量的1.5%左右。由此可见,我国加快发展集装箱多式联运,提升港口竞争力具有重要的现实意义。根据河南省西进东出的多式联运整体战略布局,河南省打造海上丝绸之路重点支持推进方向如图7-6所示。

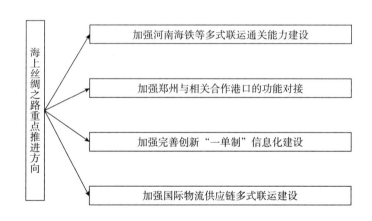

图7-6 河南省海上丝绸之路重点支持推进方向

(一) 加强河南海铁等多式联运通关能力建设

河南海铁等多式联运的建设发展,需要铁路运输公司、海关、物流企业乃至

政府等各个方面的共同配合。铁路部门把铁路延伸至港口集装箱堆场,设立集装箱多式联运站并纳入全国路网。海关方面则结合海铁等多式联运业务发展的需要,积极与内地主要城市的海关协商简化通关手续,签订两地海关海铁联运监管协议,启动远程报关服务;实行24小时预约通关,积极推进"多点报关、口岸验放";实行担保通关,采取先放后税等快速通关措施。检验检疫部门重点做好24小时预约进出口检验服务,推进"进出口货物检验检疫直通放行"工作,实现"一次申报、一次施检、一证通行"。在完善多式联运硬件设施的同时,重点打造一体化多式联运信息共享平台,实现与参与部门的信息无缝对接,打通各部门间的信息壁垒。

(二) 加强郑州与相关合作港口的功能对接

加强郑州与相关港口的功能对接需要郑州陆港部门的积极配合,使郑州国际陆港与天津港、青岛港、秦皇岛港等沿海港口之间增强交流合作,达成战略合作伙伴关系,将沿海港口的部分功能前置,转移到郑州陆港之中,重组部分功能,剔除多余作业环节,加强增值环节,降低整体运营成本,从而为当地客户提供更全面的服务,满足物流运输的发展需求。在交通网络建设过程中,必须与沿海港口、沿边口岸等建立密切的联系,突出郑州在全国交通网络中的优势地位,建立更多的交通节点,成为国内交通枢纽城市,同时更需要建立沿海港口直达的通道,这种港口通道必须能够辐射到全国重要的城市,还要建立功能协同的保税网络体系。

(三) 加强完善创新"一单制"信息化建设

在"海上丝绸之路"推进过程中,要创新真正意义上的"一单制",真正实现"门到门"的全新国际跨境物流服务模式,需要大力进行信息化与标准化建设。虽然信息化已经成为现代企业的标配,但是要打破各企业、各系统、各部门之间的信息屏障,实现标准化状态下的信息沟通与共享还有很长的路要走。同时,大力支持郑州国际陆港进行多式联运技术和模式创新,比如打破多式联运需要至少两家物流公司联合运营的传统,从接受货运申请、签订多式联运合同、集装箱提取运送到出口报关、安排运送、货物交付都由一家公司承运,实现无缝衔接，解决基础交通设施连接不畅的"最后一公里"和不同企业规则相互割裂的"最后一厘米"两大问题。因此，"一单制"的推进需要从物流运营指标的标准化和企业间信息共享的标准化等维度展开分析，需要硬件和软件的有机结合。

（四）加强国际物流供应链多式联运建设

基于多式联运具有降低物流成本、提高我国整体物流效率、发挥多种运输方式复合优势的特点。所以，2014 年国务院就把"多式联运工程"列为国家重点工程的第一位，突出发展多式联运的重要性，降低物流成本占 GDP 的比重。作为现代物流业大省的河南，必将多式联运摆在优先发展的位置上。2018 年河南省政府工作报告中，也将多式联运服务体系放在很重要的战略规划上。郑州具有发展多式联运得天独厚的地理优势。便利的综合交通枢纽和较大规模的商品集散中心，成为郑州市多式联运发展的极大优势，郑州市发展多式联运也成为必然趋势。

加大力度培育省级多式联运示范项目。近年来，河南省、郑州市等政府部门也多次出台政策支持多式联运发展。2017 年 11 月 29 日，河南省交通运输厅公布《河南省人民政府办公厅关于实施多式联运示范工程的通知》，围绕基础设施、装备技术、运输组织、信息化等重点领域，先期开展 20 个多式联运示范工程建设。全国范围内铁集模式的多式联运中，中欧班列（郑州）每吨货物收费 5500 美元，而其他省市提供的多式联运服务收费标准都较低，最低标准为 1700 美元每吨。所以，在优惠力度、拨付时效上多为业主考虑，增加企业的方便性与能动性。引导河南本地企业多选择本地多式联运营运主体。省内大多企业受所生产产品附加值较低的影响，无法承受较高的物流成本，以郑州陆港国际发展有限公司开设的郑欧班列为例，运输的货物中省内只占 20%，省外占 80%，且以长三角和珠三角地区生产产品附加值较高的企业为主，形成了以过路货源为主、本地货源为辅的不均衡现象，不利于本地企业的长远发展。针对这种情况，政府有关部门可以多协调沟通，采取有效措施，增强货源聚集，平衡供需关系。有关部门可在一定的基础上给予适当的资金补贴以加大本土需求企业对本土服务商的选择意愿。

加强国际物流供应链建设。在"一带一路"倡议下，河南推进"四路建设"

进程中，还要突出加强国际物流供应链的建设，供应链以及供应链生态圈已经成为现代企业竞争的主要焦点。产业分工的细化趋势已经成为国际共识，在国际物流供应链分工中，如何充分融入其中并承担起关键角色是跨境电商物流企业必须要考虑的问题。跨境企业应找准定位，积极参与，承担责任，资源共享，优势互补，实现共赢发展。

六、河南省建设"四条丝绸之路"的政策建议

针对前文所述河南省建设"四条丝绸之路"工作中存在的问题，结合河南省"四条丝绸之路"建设中面临的进出口产品结构较为单一、农产品深加工能力欠缺、基础设施建设投资比例失衡、涉外知识产权人才、跨境电商与跨境物流复合型人才储备不高等主要问题，主要从政府政策、金融服务创新、航空港区建设、跨境电商、多式联运、风险管控以及复合型人才培养等角度展开分析，提出支持河南省建设"四条丝绸之路"政策建议，以期提高河南省"四条丝绸之路"建设工作水平，打造河南对外开放的新高地，推动河南对外贸易转型升级，提高对外贸易层次与水平，更好地服务于国家"一带一路"倡议和建设。在加强政策层面支持的同时，还要注重市场机制建设，市场是合理分配资源的主要手段，通过市场经济的自然选择，促进企业进行转型升级，提高产品技术含量，增强在国际市场的核心竞争力，赢得更多发展先机，掌握更多国际发展的主动权，从而为构建人类命运共同体提供发展支撑。因此，河南省建设"四条丝绸之路"的政策建议主要从以下八个方面展开，框架流程如图7-7所示。

（一）积极发挥政策性特长，打造河南省对外开放新高地

作为在稳增长、调结构、支持外贸发展、实施"走出去"战略等方面具有重要作用的政府机构，河南省委省政府应立足政策性职能定位，加大对河南省内企业融入国际环境的支持力度，精准施策，均衡发展，促进省内企业进出口产品结构多元化，重点关注河南省与"一带一路"相关综合试验区等最新发展动态，

图7-7 河南省建设"四条丝绸之路"的政策建议

着力支持河南省支柱产业，做到金融服务精准发力，统筹推进河南省"四条丝绸之路"协同均衡建设。

从支持领域看，一是应加大对省内企业进口设备、技术、资源等产品的信贷支持力度，提高省内企业接纳国外先进设备技术、以较低成本利用国外资源的能力。二是应大力支持省内成套设备和产品生产企业对外出口，在为其提供流动性资金支持的同时，积极支持其产品技术优化升级，在国际竞争中取得竞争优势。三是应加大对外投资项目储备，积极对接省内有实力的意向投资企业，关注河南省内企业在亚非拉市场基建领域的资金需求，支持企业通过投建营一体化运作模式参与国际工程市场竞争；在为企业对外投资项目提供信贷资金支持的同时，积极发挥河南省的专业特长，提供全面的配套金融服务，做到为企业融资、融智。四是积极支持省内企业对外承包工程，推动中国标准走向世界。五是应加大对河南省内企业开展技术、文化"走出去"的支持力度。

从支持产品看，河南省应进一步提高政策性业务开展力度，对符合政策要求的企业、项目，优先考虑政策性贷款，向省内优质企业提供相对低廉的信贷资金支持，为企业降低财务成本，规避经营风险做出贡献。同时，加大金融企业与跨境企业协同发展联动机制，在"走出去"战略的指引下，两者形成发展合力，凝聚竞争优势，在国际化进程中实现共赢发展。

（二）进一步加强政企、银企间合作，推进金融服务创新

金融服务的创新是提高河南省支持打造"四条丝绸之路"建设水平的关键基础之一，由于河南省内主要金融机构相对较少，人员配备难以支撑金融服务创新需求，建议河南省进一步加强政企、银政、同业合作力度，向创新水平高、推进速度快的同行同业学习先进经验；建议推进与河南省中信保、施工企业创建和巩固金融合作关系，支持河南省内施工企业在"一带一路"沿线国家开展海外项目；建议探索与河南省商务厅等政府部门共同建设省内企业"走出去"综合服务平台，通过为企业提供"走出去"所需的政策、国别、项目、信用等信息咨询服务，有效帮助省内企业进一步树立信用意识，提高"走出去"水平；建议充分利用"贸赢贷""保赢贷"等创新业务品种，支持中小企业参与河南省"四条丝绸之路"建设。

（三）支持航空港区建设，助力"空中丝绸之路"成长

针对河南"空中丝绸之路"建设需求，河南省应加强对航空港经济综合试验区的研究分析，具体政策建议如下：

一是支持郑州提升现代航空枢纽功能。支持郑州航空港区完善枢纽基础设施建设，打造全国领先的"空地中转"机场。积极支持机场改扩建和基础设施建设升级等项目，形成航空、高铁、地铁等一体化的综合性现代交通运输网络。

二是支持国际航线网络拓展。河南省应进一步提高对郑州加密国际货运航线航班的支持力度，支持航空公司开通洲际航运路线，加速形成覆盖全球的国际客货运航空网络；支持引进培育基地航空公司、组建本土货运航空公司；支持河南省借鉴天津东疆保税港区先进经验，打造航空金融产业集聚，继续支持省内飞机租赁企业进口飞机、开展飞机租赁业务。

三是支持培育航空特色产业。河南省应在风险可控的前提下，支持河南省企业建设航空冷链和快递物流基地，打造航空国际物流中心，与河南省农业产业发展相匹配，推动河南省农业产业升级，进一步提高河南农产品深加工能力，在国际化、标准化等方面取得重大突破。

四是支持航空港区优化软硬件设施。积极对接航空港区企业、政府部门，探

索支持航空港区机场建设、通关基础设施建设、货运关税系统改造升级的金融支持模式。同时，加强航空港一体化信息平台建设，提升企业整体运作效率，打造无纸化通关模式。

（四）推动跨境电商发展，拓宽"网上丝绸之路"

对于支持河南省打造"网上丝绸之路"建设政策建议如下：

一是深耕跨境电商企业需求，探索创新金融服务产品。应加强对跨境电子商务的支持力度，顺应电子商务行业金融服务需求，深度研究跨境电商行业客户"轻资产""重流量"等特征，为跨境电商提供支付结算服务，探索开户结算、账户管理、转账汇款、缴费支付、在线付款、在线结售汇等服务方案；根据客户在跨境电商产业链所处地位、提供服务、信贷资金用途、还款来源等要素，为其提供定制化信贷产品；提高贷款审批效率，探索融资企业线上自助贷款申请等创新贷款模式。

二是应支持跨境电商物流海外仓、边境仓建设。河南省应在风险可控的基础上，有效对接河南省出口产品产业结构，重点支持"海外仓""边境仓"等建设，将跨境物流服务进行空间前置，使企业出口产品具有时间和价格优势，提高国外顾客满意度。探索新型物流与供应链金融产品，如融通仓、保兑仓等物流与供应链金融服务，帮助企业提高资金利用率。

三是支持跨境电商信息共享机制建设完善。通过支持跨境电子商务海关系统优化升级，打造一体化通关信息平台，推动河南省跨境电商物流服务模式创新，是中国标准走向世界，实现货物快速通关，简化通关手续，提高通关服务效率。

（五）推动铁路基础设施建设，提高"陆上丝绸之路"运载能力

针对河南省"陆上丝绸之路"建设需求，河南省应根据郑州国际陆港的区位优势及基础功能优势，以及其在国家"一带一路"倡议中的重要地位，通过支持港口功能要素及国际物流通道体系建设，加强国际物流业务竞争力，实现集全球交易、仓储、中转、分拨、流通加工和配送等功能的国际中转枢纽港。同时，为航空港提高港区国际贸易、保税加工、报关通关和中转配送支持能力提供信贷资金支持，助力河南省形成规模化的产业集聚和良好的绿色循环经济体系。

一是推动河南省扩大货源集聚。金融机构应加大对铁路海上联合运输的信贷支持力度，支持中欧班列（郑州）以郑州为核心，在国内形成四个方向的十字枢纽，并积极支持铁路延伸到国外，形成多口岸、多线路的国际网络布局，提高货物集聚与分拨能力。

二是推动河南省吸引过境货物周转。河南省金融机构应探索存单质押、出口退税账户质押融资等创新融资服务模式，推动郑州陆港充分使用集装箱联网运输上的优势，吸引过境货物在郑州流通加工、储存等周转，提供更多物流增值活动。

三是支持通关环境完善。河南省应积极对接河南省海关、税务部门，支持河南省探索以"港区联动"和关区内"属地申报，口岸验放"为实现途径的全域通关模式，支持通关基地、系统升级等基础设施建设项目，提升保税货物流周转速度，打通货物快速进出通道，创新改善通过流程。

四是支持特色物流培育与建设。河南省应积极挖掘省内航空物流、冷链物流、快递物流、电商物流等物流企业潜力，支持大型国际物流企业总部入驻河南，推动河南省现代物流资源和业务整合。支持智慧物流建设，打造国际智能物流服务中心，着力推动物流企业提升信息化水平、建设智慧物流服务平台，优化国际物流服务的软环境。

（六）支持公路铁路海运联运建设，推动"海上丝绸之路"

河南省支持打造"海上丝绸之路"的推进方向如下：

一是提高对河南海铁联运通关能力建设支持力度。河南省应通过总分联动方式，加大对河南省内铁路运输融资的支持力度，支持河南省将铁路延伸至港口集装箱堆场，为集装箱多式联运站点纳入全国路网工作提供支持。通过分行之间的联动，大力促进内地其他主要城市海关协商简化通关手续，签订两地海关海铁联运监管协议，启动远程报关服务，加快河南省海铁联运通关能力提升。

二是支持郑州与相关港口功能对接建设。河南省应通过总分联动、分行间合作的形式，推进郑州陆港与青岛港、秦皇岛港、天津港等沿海港口之间加强合作，支持沿海港口功能转移到郑州陆港，实现部分工作前置，从而降低整体运营成本，缩短服务周期，满足跨境物流多式联运的发展需求。同时，河南省应支持陆路交通在全国建立更多交通节点、建立沿海港口直达通道，推动郑州市成为国内交通枢纽城市。

三是支持一单制多式联运建设。通过为跨境物流企业提供信贷资金支持，推动郑州国际陆港进行多式联运技术与服务模式创新，探索从接受货运申请、签订多式联运合同、集装箱提取运送到出口报关、安排运送、货物交付均由一家公司承运的无缝衔接模式。根据《河南省人民政府办公厅关于实施多式联运示范工程的通知》，加大对 20 个多式联运示范工程的业务营销力度，为省级多式联运示范项目提供更多信贷资金支持，推动一单制多式联运运营模式建设取得重大进展。

（七）防范化解金融支持"四路建设"风险，确保可持续发展

在经济与贸易全球化不断推进的过程中，世界经济格局亦存在诸多动荡与潜在风险隐患，风险防控化解能力的提高是金融机构可持续发展的重要基础之一，也是对外贸易长久健康发展的根本需求。河南省在金融支持"四条丝绸之路"工作中，应持续提高防范化解金融风险水平，建立健全全面风险防控机制。有效规避人为和自然风险；应充分关注河南省"四条丝绸之路"建设过程中的国别风险，建立东道国安全形势和政局变动等关键信息动态监控机制，并建立对监控发现的异常指标迅速反应处置机制，做到准确预判、迅速处置；应充分关注河南省"四条丝绸之路"建设过程中的声誉风险，密切监控声誉风险隐患，并建立声誉风险应急预案；应充分关注河南省"四条丝绸之路"建设过程中的信用风险，提高授信业务信用风险防控能力，充分发挥风险防控三道防线作用，密切监控资金用途和真实流向，防范资金挪用等事项发生，降低项目还款风险。

（八）培养"四路建设"复合型人才，探索产学研一体化合作新模式

基于"四路建设"复合型人才实际需求和跨境电商物流人才培养过程中存在的相关问题，该领域的复合型人才培养模式可以从以下几个途径探讨和实践（陈浩东，2018）。

一是加强师资队伍建设，着力推进课程内容动态更新。高等学校要重视师资队伍建设，对跨境电商物流教师进行定期的、动态的培训，形成具备跨境电商、

跨境物流、国际贸易三位一体的完整理论知识体系。另外，该领域要及时调整专业人才培养方案，建设综合性、问题导向、学科交叉的新型课程群，将学科研究新进展、实践发展新经验、社会需求新变化及时引入课堂，引入教材，构建理论知识动态调整更新机制。

二是构建"全过程全覆盖"复合型人才培养模式。为满足跨境企业实际需求，应该构建"全过程全覆盖"的人才培养模式。该模式是指在复合型人才培养过程中，以需求为导向，为学生为中心，高校、跨境企业、行业协会多方参与，多方联动，从入学到就业，从理论学习到社会实践，形成全过程的培养模式和事前、事中、事后的全覆盖的监管调整机制。在该模式中，高校是复合型人才培养的主力军，跨境企业是检验人才素质的试金石，而行业协会是联系二者的桥梁，三者优势互补，实现共赢。通过"需求分析—能力培养—课程改革—教学调整—监督管理—实践反馈"六个环节的动态流程，形成具有新时代特色的复合型人才培养体系。

三是全面健全校企产学研合作机制，培养学生"三创"能力。高校要重视全方位一体化的产学研教学改革，健全校企全面合作机制，形成"以产业为导向、以教学为抓手、以科研为驱动"的全面合作模式，推进复合型、创新性人才培养。另外，着重培养学生"创意、创新、创业"的"三创"能力，为跨境电商物流和"四路建设"的未来发展储备优秀人才，提供智力支撑。

参考文献

［1］魏洁，魏航．跨境电子商务物流模式选择研究［J］．科技管理研究，2017，37（21）：175－179．

［2］王玉玲．我国跨境电商与跨境物流协同发展研究［J］．改革与战略，2017，33（9）：151－153＋198．

［3］李晓沛．河南跨境电商的创新发展［J］．区域经济评论，2018（2）：97－101．

［4］张夏恒．全球价值链视角下跨境电商与跨境物流协同的内生机理与发展路径［J］．当代经济管理，2018，40（8）：14－18．

［5］张夏恒，郭海玲．跨境电商与跨境物流协同：机理与路径［J］．中国流通经济，2016，30（11）：83－92．

［6］姚佳．新常态下跨境电子商务与物流协同发展研究——以安徽省为例［J］．商场现代化，2018（5）：28－29．

［7］何江，关娇．跨境电商与跨境物流协同研究综述［J］．电子商务，2017（9）：10－11．

［8］刘小军，张滨．我国与"一带一路"沿线国家跨境电商物流的协作发展［J］．中国流通经济，2016，30（5）：115－120．

［9］刘有升，陈笃彬．基于复合系统协同度模型的跨境电商与现代物流协同评价分析［J］．中国流通经济，2016，30（5）：106－114．

［10］张夏恒，张荣刚．跨境电商与跨境物流复合系统协同模型构建与应用研究［J］．管理世界，2018，34（12）：190－191．

［11］庞燕．跨境电商环境下国际物流模式研究［J］．中国流通经济，2015，29（10）：15－20．

［12］夏晨兆，郭昆．论跨境电商与跨境物流协同策略研究［J］．现代商业，2017（36）：18 – 19.

［13］蔡俊芳，黄耕．跨境电商物流发展模式研究［J］．商业经济研究，2017（14）：86 – 88.

［14］钱慧敏，何江．基于扎根理论模型的跨境电商与跨境物流协同影响因素分析［J］．产经评论，2017，8（6）：110 – 122.

［15］陈浩东，潘勇．基于 EM – FCEM 的跨境电商与跨境物流协同影响因素分析［J］．物流技术，2019，38（9）：40 – 46.

［16］陈浩东，燕晨雨．"一带一路"倡议下跨境电商与跨境物流协同发展研究［J］．物流技术，2019（7）：44 – 47 + 64.

［17］陈浩东．跨境电商与跨境物流复合型人才教学改革培养模式研究［J］．物流工程与管理，2018，40（12）：136 – 137.

［18］陈浩东，端木令风．基于灰色理论的河南省物流需求预测研究［J］．物流工程与管理，2018，40（8）：36 – 38.

［19］李玲玲等．灰色模型的改进及其应用［J］．统计与决策，2014，（24）：11 – 15.

［20］王世炎．2019 年河南经济形势分析与预测［M］．北京：社会科学文献出版社，2019.

［21］王茹芹，兰日旭．陆上丝绸之路［J］．时代经贸，2018（10）：54 – 75.

［22］潘勇．我国跨境电商的现状、问题与未来发展［J］．理论视野，2017（12）：36 – 39.

［23］潘勇．加快现代物流业发展［N］．河南日报，2015 – 06 – 30（007）.

［24］侯东伟．河南省"丝绸之路"建设中金融机构存在问题和对策研究［J］．全国流通经济，2019（14）：98 – 99.

［25］赵振杰，孙静，刘斐．河南省积极融入"一带一路"建设"四条丝路"优势并举畅通开放新通道［J］．大陆桥视野，2018（10）：41 – 42.

［26］刘美平，尹帅．河南省融入"一带一路"倡议的四维发展空间［J］．

市场研究，2019（1）：30 – 32.

[27] 刘金锋，王磊. 河南实施"空中丝绸之路"建设的探索与实践 [J].当代世界，2018（6）：76 – 78.

[28] 吕建中. 开辟"网上丝绸之路"创新民间交往渠道 [N].人民日报，2013 – 12 – 11（018）.

[29] 卢苇. 海上丝绸之路的出现和形成 [J].海交史研究，1987（1）：1 – 6.

[30] 丁新科. 让"网上丝绸之路"越来越便捷 [N].河南日报，2018 –05 – 10（007）.

[31] 刘春玲，郭冠琳，张柏荣. 空中丝绸之路：河南省从内陆腹地走向开放前沿的新模式 [J].经济研究导刊，2018（23）：43 – 44 + 56.

[32] 慕名. 打造网上丝绸之路 推动电子商务发展 [J].中国电信业，2015（10）：8 – 15.

[33] 杨宁燕. 发挥地理区位优势 构建国际高速路网助力"空中丝绸之路"建设 [J].民航管理，2016（5）：24 – 25.

[34] 河南加快建设"空中丝绸之路" [J].中国产经，2017（9）：80 – 81.

[35] 杜群阳. 加快构建"网上丝绸之路" [N].浙江日报，2015 – 12 – 17（012）.

[36] 刘春玲，郭冠琳，张柏荣. 空中丝绸之路：河南省从内陆腹地走向开放前沿的新模式 [J].经济研究导刊，2018（23）：43 – 44 + 56.

[37] 郜义. "四路并举"推动物流降本增效取得进展 [J].中国经贸导刊，2018（24）：10 – 11.

[38] 杨楠. "一带一路"倡议下郑州航空港经济综合实验区的发展模式研究 [J].郑州航空工业管理学院学报，2019，37（6）：10 – 14.

[39] 常晓涛. "空中丝绸之路"背景下机场海外货站建设研究 [J].民航管理，2019（12）：83 – 85.

[40] 黄然. 浅析河南空中丝绸之路的发展对策 [J].现代经济信息，2019（16）：484 – 485.

［41］黄然．"一带一路"视角下河南省空中丝绸之路建设研究［J］．商场现代化，2019（14）：69 - 70．

［42］丁茂战．"空中丝绸之路"让中原崛起更加出彩［N］．学习时报，2019 - 05 - 22（006）．

［43］刘战国，李晓东．建设"郑州空中丝绸之路试验区"的战略思路［J］．郑州航空工业管理学院学报，2019，37（2）：1 - 11．

［44］谷建全．统筹"五区"联动"四路"协同　推动全方位高水平开放［N］．河南日报，2019 - 04 - 22（006）．

［45］郭军峰．河南打造"空中丝绸之路"的优势及对策研究［J］．对外经贸，2019（1）：79 - 81 + 89．

［46］张占仓，蔡建霞．建设郑州—卢森堡"空中丝绸之路"的战略优势与前景展望［J］．河南工业大学学报（社会科学版），2018，14（6）：40 - 48．

［47］张英，马如宇．中国与"一带一路"沿线国家"丝路电商"建设的路径选择［J］．对外经贸实务，2019（12）：19 - 22．

［48］郭飞．"一带一路"视角下"网上丝绸之路"建设探讨——以郑州市为例［J］．现代商贸工业，2019，40（30）：28 - 29．

［49］辽宁对外经贸学院课题组，张英．"网上丝绸之路"建设视角下中国与"一带一路"沿线国家跨境电商发展路径选择［J］．大陆桥视野，2019（7）：83 - 87 + 91．

［50］李一丹．网上丝绸之路对区域经济的影响研究［D］．北京：中国社会科学院研究生院博士学位论文，2017．

［51］鲁炜．共建网上丝绸之路、共创幸福未来［N］．中国经济时报，2015 - 09 - 15（008）．

［52］和静钧．跨境电商发展助"网上丝绸之路"［N］．广州日报，2015 - 09 - 01（F02）．

［53］杜群阳，黄卫勇，方建春，王莉，黄金亮，李凯．"网上丝绸之路"对"一带一路"战略的意义［J］．浙江经济，2014（24）：34 - 35．

［54］Julan Du, Yifei Zhang. Does One Belt One Road initiative promote Chinese overseas direct investment［J］．China Economic Review，2018（47）：189 - 205．

［55］Yaodong Yu, Yen – Chiang Chang. The 'One Belt One Road' Initiative and its impact on shipping law in China ［J］. Marine Policy, 2018（87）: 291 – 294.

［56］Jiuh Biing Sheu, Tanmoy Kundu. Forecasting time – varying logistics distribution flows in the One Belt – One Road strategic context ［J］. Transportation Research Part E: Logistics and Transportation Review, 2018（117）: 5 – 22.

［57］Dong Yang, Liping Jiang, Adolf K. Y. Ng. One Belt one Road, but several routes: A case study of new emerging trade corridors connecting the Far East to Europe ［J］. Transportation Research Part A: Policy and Practice, 2018（117）: 190 – 204.

［58］Hing Kai Chan, Jing Dai, Xiaojun Wang, Ewelina Lacka. Logistics and supply chain innovation in the context of the Belt and Road Initiative（BRI）［J］. Transportation Research Part E: Logistics and Transportation Review, 2019（132）: 51 – 56.

［59］Shu Yu, Xingwang Qian, Taoxiong Liu. Belt and road initiative and Chinese firms' outward foreign direct investment ［J］. Emerging Markets Review, 2019（41）: 620 – 629.

［60］Peng Peng, Yu Yang, Feng Lu, Shifen Cheng, Naixia Mou, Ren Yang. Modelling the competitiveness of the ports along the Maritime Silk Road with big data ［J］. Transportation Research Part A: Policy and Practice, 2018（118）: 852 – 867.

［61］Yonglei Jiang, Jiuh – Biing Sheu, Zixuan Peng, Bin Yu. Hinterland patterns of China Railway（CR）express in China under the Belt and Road Initiative: A preliminary analysis ［J］. Transportation Research Part E: Logistics and Transportation Review, 2018（119）: 189 – 201.

［62］Fan Jin, CaiYan – Ling, JiXiao – Jun, Zhao Liang. An observation on China comprehensive pilot areas for cross – border e – commerce in Henan Province ［J］. Procedia Manufacturing, 2019（30）: 77 – 82.

［63］Ziliang Deng, Zeyu Wang. Early – mover advantages at cross – border business – to – business e – commerce portals ［J］. Journal of Business Research, 2016, 12（69）: 6002 – 6011.

后　记

　　岁月催人老，盛年不再来。时光如白驹过隙，稍纵即逝。蓦然回首，本书的编写工作已经在河南财经政法大学龙子湖校园进行了整整五个年头。五年的春夏秋冬，历历在目仿若昨日，五年的春华秋实，感慨万千怅然若失。

　　自 2013 年习近平总书记提出"一带一路"倡议以来，这一中国全方位对外开放的新策略就成为学界的研究热点。于是本人也开始收集资料，深入调研，展开分析，准备研究工作，但限于能力有限，竟不知从何开始。2014 年河南省郑州至卢森堡"空中丝绸之路"的开通，为本书的研究提供了切入点。随后，河南省为了更好地推进和融入"一带一路"倡议，打造对外开放新高地，陆续提出了陆上、网上、海上丝绸之路建设，强调"四路"并举，实现对外开放新格局，并得到了习近平总书记的充分肯定。这一系列重大实践活动为本书的研究提供了大量数据和案例。于是开始了河南省打造"四条丝绸之路"建设机理与策略建议的相关研究。这里既有理论方面的思考，又有实践需求方面的考虑。本书的成稿时间较长，从动笔到完成基本上用了五年时间，有些成果已经在一些学术期刊上发表，考虑到研究成果的时效性，同时添加了一些最新内容。

　　2020 年注定是载入史册的一年。伟大的中国人民在以习近平同志为核心的党中央坚强领导下，取得了抗击新冠肺炎疫情斗争的重大胜利。在抗击新冠肺炎疫情过程中，每个人都做出了牺牲和贡献。让我们一起筑起知识的长城，为中华民族的伟大复兴贡献自己的一份力量。希望本书的出版也能为国家的繁荣富强添砖加瓦，略尽绵薄之力。因为本书是对社会实践的最新研究与总结，也是尝试和思考，所以书中难免会存在很多不足之处甚至纰漏，恳请各位专家和读者不吝赐教、批评指正。

　　本书在编写过程中得到了河南财经政法大学潘勇教授的大力支持。河南保税物流中心、EWTO 研究院研究员刘琼翊、王小艳、王岳丹同志为本书的撰写提供了宝贵的资料和数据，研究生侯东伟、王科建、范苏静和张思远同学为本书的编写工作做了大量的资料搜集和文字整理工作，同时，经济管理出版社的王洋先生以及他的同事也为此书的编辑、校对做了非常细致的工作。在此，我对各位付出的智慧和辛劳表示最真诚的感谢和最崇高的敬意。此外，本书在撰写和编辑过程中参考和引用了国内外大量专家学者的文献，在此一并表示最诚挚的谢意！

2020 年春于河南财经政法大学教科楼